내 글씨 스티커

14쪽의 안내에 따라 낱말을 쓴 다음, 본문의 페이지에 붙여 두세요.

41쪽
▼ 우유
▼ 하마

53쪽
▼ 나무
▼ 바다

59쪽
▼ 치즈
▼ 지구

65쪽
▼ 토끼
▼ 뿌리

79쪽
▼ 낙엽
▼ 풀잎

85쪽
▼
▼ 왕관

91쪽
▼ 앉다
▼ 수탉

저학년 바른 글씨

이유미 지음

서사원주니어

부모님께

글씨를 잘 쓰게 하고 싶나요?
바른 글씨를 쓰는 자신을 아이 스스로 발견하게 해 주세요.

먼저, 물어봐 주세요. "글씨 잘 쓰고 싶니?"

우리 어른들은 어릴 때부터 글씨 교육을 받은 세대입니다. 가지런한 글씨를 보면 기분이 좋아지는 반면, 아이 자신도 읽지 못하는 글씨는 가슴을 답답하게 하지요. 그런데 혹시 물어보신 적 있나요? 아마 아이에게 한 번도 물어보지 않았을 겁니다.

"너는 글씨 잘 쓰고 싶니? 어때?"

잘 쓰고 싶은 마음, 그것이 첫 번째 계단

글씨 쓰기는 반복이 필요하기 때문에 지루하게 느껴집니다. 그래서 동기를 유지하기 어렵습니다. 다행히 글씨는 영원히 정진해야 되는 기술이 아닙니다. 익히는 동안에만 아이가 재미와 의미를 찾으며 이겨 내도록 하면 됩니다. 이 책은 아이가 과거의 자신이 쓴 글씨와 현재 글씨를 비교하며 대결을 하게 구성되어 있습니다. 자신과의 대결에서 이기며 동기를 더해 갈 수 있을 거예요. 잘 쓰고 싶은 마음이 중요합니다.

필요하면 잘 씁니다!

우리 아이들은 연필보다 화면 터치를 더 빨리 접합니다. 공책보다 스마트폰에 더 많은 글자를 쓰지요. 또 지금의 우리 아이들은 반복을 질색합니다. 주장과 개성이 강하고 필요를 느끼지 못하는 일에 쉽게 뛰어들지 않으니까요. 이제는 우리 교사들과 부모들이 글씨 가르치는 방법을 바꿔야 할 때인 것 같습니다. 비장하게 '글씨를 바로잡아야 된다.'가 아닌 '아이가 필요성을 느끼게 해야겠다.', '쓰고자 할 때 어려움이 없도록 돕겠다.', 이것이 아이를 위한 우리의 새로운 목표가 되어야 합니다.

최소한의 연습으로 잘 쓸 수 있는 비법!

시중에 바른 글씨 책들이 많이 나와 있습니다. 이 책이 다른 책들과 가장 차별되는 점은, 시지각을 중심으로 차이를 변별하게 하여 보는 눈을 먼저 기르고 어떻게 써야 할지를 생각하며 손을 움직이게 한다는 데에 있습니다. 20~30번씩 쓰면서 무작정 반복하거나 외우게 하지 않지요. '글씨 못 썼네.'가 아니라 '받침을 너무 작게 썼구나.', '모음이 여기까지 와야 되는데 너무 짧네.' 하고 아이들이 알게 하고자 하였습니다. 알면, 실천할 수 있죠!

이 책을 통해 글씨도 마음도 가지런해지는 시간이 되길 바랍니다.

우리 아이 글씨 진단

"글씨 쓸 때 어른들이 너에게 어떤 말을 자주 하니?" 아이가 자주 듣는 말을 찾아보세요.
아이의 글씨를 보고 드는 생각을 바로 체크해도 좋습니다. 어떤 영역이 문제인지 알 수 있어요.
글씨로 인해 부정적인 피드백을 많이 듣는 아이를 위해 지적이 아닌 응성의 표현을 읽어 보세요.

| 우리 아이가 자주 듣는 말에 체크하세요. ➡ | 대신 이렇게 말해 주세요. |

글자의 형태

• 글자가 너무 작잖아. ☐

• 글자가 너무 크잖아. ☐

• 지저분하게 겹쳐서 쓰지 마. ☐

• 다 따로 놀잖아. ☐

➡

• 글자를 시원시원하게 써 보자.

• 작게 쓰면 덜 힘들어.

• 자모음을 각자의 방에 보내야 해.

• 닿을 듯 말 듯하게 모아 보자.

진단 결과 ☐ / 4

글자의 정렬

• 띄어쓰기 좀 해. ☐

• 글자가 다 따로 노네. ☐

• 칸 안에 써야지. 줄에 좀 맞춰. ☐

• 띄어쓰기가 너무 넓어. ☐

➡

• 소리 내어 읽어 보고 띄어 쓰자.

• 끊어 읽지 않는 글자들은 서로 붙여야 해.

• 칸과 줄의 테두리에 닿게 쓴다고 생각해 봐.

• 글자 하나 크기로 동그라미해 봐.
  그만큼만 띄어야 해.

진단 결과 ☐ / 4

여러 가지 문제가 복합적으로 나타날 경우 여유로운 마음을 가지고 아이를 많이 격려해 주세요.

충동성이 높거나 주의력이 부족한 경우일 수도 있어요.

글씨도 중요하지만 이 책을 마치는 데 목표를 두고 성취의 경험을 하게 도와주세요.

글자의 위치

- 글자가 점점 올라가잖아.

  글자가 점점 내려가잖아.

  글자가 기울어져 있어. 똑바로 써 봐.

  글자가 오르락내리락 하네. ☐

- 공책 자리가 넓은데

  왜 이렇게 한쪽에 쏠려 있어? ☐

⇒

- 연필로 살짝 선을 긋고 써 봐.

  공책을 바로 놓아 보자.

  자세를 바로 해 보자.

  조금만 더 하면 끝나. 집중해 보자.

- 왼쪽 끝에서부터 써야 해.

  신기한 건 오른쪽에서부터 쓰는 나라도 있어!

진단 결과 ☐ / 2

필압과 속도

- 글씨가 왜 이렇게 힘이 없어?

  자신 있게 써. ☐

- 너무 힘을 주니까 연필이 부러지지. ☐

- 천천히 좀 써.

  대충 쓰지 마.

  흘려 쓰지 마. ☐

- 빨리 좀 써 봐. ☐

⇒

- 손날을 책상에 풀로 붙였다고 생각해 봐.

- 집게손가락을 둥글게 한다고 생각해 봐.

- 시간 정해 줄게.

  메트로놈에 맞춰 봐.

- 글자를 소리 내어 읽으면서 써 봐.

진단 결과 ☐ / 4

바른 글씨 쓰기 자세

처음 시작하는 경우

허리와 어깨를 펴고 바른 자세를 유지하는 일은 생각보다 어렵습니다.

지속적 집중력과 자기 조절 능력이 필요합니다. 여기에 글씨까지 쓴다면 주의력이 부족한 어린이들은

자세가 흐트러지기 더욱 쉽지요. 자세가 흐트러질 때마다 반복하여 알려 주세요.

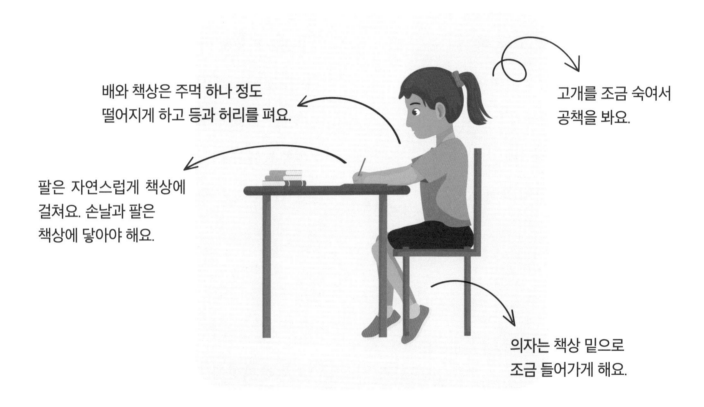

배와 책상은 주먹 하나 정도
떨어지게 하고 등과 허리를 펴요.

고개를 조금 숙여서
공책을 봐요.

팔은 자연스럽게 책상에
걸쳐요. 손날과 팔은
책상에 닿아야 해요.

의자는 책상 밑으로
조금 들어가게 해요.

잘못된 습관이 든 경우

다행히 자세, 연필 쥐는 법, 필순이 바른 글씨에 미치는 영향이 생각보다 절대적이지 않습니다.

효율이 약간 떨어질 수는 있지만요.

너무 이른 나이에 쓰기 교육을 시작했을 경우에 문제를 보이는 경우가 많고, 교정이 어렵습니다.

따라서 고치는 것이 처음 배우는 것보다 어렵다는 것을 이해하고 지지해 주세요.

그래야 부모님이 짜증이나 화를 섣지 않고 가르쳐 줄 수 있습니다.

바른 연필 쥐기 자세

연필 쥔 모습

깎은 바로 윗 부분을
엄지와 집게로 잡아요.

손날을 공책에
딱 붙여요.

가운뎃손가락으로 연필
아래를 가볍게 받쳐요.

왼손잡이인 경우

자신이 쓴 글씨를 보기 어려워 공책과 자세가 틀어질 수 있습니다.
천천히 쓰도록 도와주세요. 처음 배울 때에는 왼손잡이가 조금 불리할 수 있지만
요즘에는 억지로 교정하지 않습니다. 시간이 지나면 안정됩니다.

너무 힘을 주어 연필이 부러지는 경우

집게손가락에 힘이 들어가서 집게손가락 첫번째 관절이 오목하게 들어가면 안 됩니다.
둥글게 말듯이 잡으라고 하면 직각 모양을 유지하기 쉬우니, 유의해 주세요.

힘이 없어서 못 쓰는 경우

7살이 지난 아이가 소근육이 약해서 글씨를 못 쓰는 경우는 드뭅니다.
자전거 타기처럼 요령을 익히고 숙달이 되어야 합니다.
매일 꾸준히 연습하게 도와주세요. 이 경우 중요한 것은 천천히 쓰는 것입니다.

잘못된 습관이 든 경우

연필 잡는 방법은 정말 바꾸기가 어렵습니다. 습관과 다른 방법으로 잡으면 힘이 적절하게 들어가시 않고,
연필 잡기 그 자체에 신경을 써야 해서 다른 것을 놓치기 쉽습니다.
글씨를 잘 쓰는 아이들도 기상천외한 방법으로 연필을 잡습니다.
필압이 적당하고 연필의 각도가 60도 내외로 유지된다면 너무 걱정하지 마세요.

공책 고르기

쓰기에 주로 사용하는 공책은 다음과 같은 것들이 있습니다. 크게 쓸수록 글자 한 자를 쓰는 데에 시간이
더 걸립니다. 아이들이 연필로 사람을 그릴 때 엄청 조그맣게 그리는 경우가 많은데요,
손이 작고 눈이 인지하는 범위, 손을 움직이는 범위가 좁아서 그렇습니다.
때문에 글자, 필순을 익힐 때는 크게, 연습할 때는 평소에 써야 하는 교과서, 공책 등의 글씨 크기에 맞춰서
쓰게 해 주세요. 보통은 학교에서 따로 지정된 것이 있습니다.
가정에서 활용할 경우 아이의 쓰기 유창성 정도와 필요에 따라 알맞은 공책을 선택하면 좋습니다.

글자 배우는 단계		
5칸 기초		처음 익힐 때 좋고 색연필로 쓸 수 있어요.
8칸 국어		1학년에서 주로 사용해요.

스스로 쓰는 단계		
10칸 국어		저학년에서 가장 흔히 사용하고 받아쓰기에 유용해요.
14칸 국어		줄글 쓰기로 들어갈 때 유용해요.

쓰기가 능숙한 단계	
1-2학년	
3-4학년	
5-6학년	

줄 공책을 바른 글씨가 정착되기 전에 사용하면
글자의 정렬과 위치가 엉망이 되기 쉽습니다.
3학년 이후부터 쓰면 좋아요.

연필과 지우개 고르기

연필

연필 모양

삼각형, 사각형, 육각형, 둥근 것이 있는데 크게 차이는 없지만 굴러가지 않도록 각 있는 것이 좋습니다.
연필 끝의 지우개는 종이가 일어나거나 찢어지게 만들어 사실상 무용지물이므로 없는 것이 낫습니다.

연필심

심의 단단함에 따라 HB-B-2B-4B 등과 같이 구분합니다. 미술용으로 흔히 쓰는 4B는 부드러워서
힘들이지 않고 진한 글씨를 쓸 수 있습니다. 하지만 글씨가 흐리다고 4B를 쓰게 하지 말고 가급적 HB를
사용하도록 하세요. 소근육이 덜 발달되어 글씨를 진하게 못 쓰는 경우는 거의 없습니다.
또 4B를 쓰면 공책과 손이 쉽게 더러워지기도 합니다.

연필 교정기

연필에 끼우는 형태의 교정기가 있습니다. 연필 그립이라고도 합니다. 손가락을 감싸는 것보다 연필
닿는 위치를 알려 주는 것, 가급적 작고 가벼운 것을 여러 개 사서, 사용하는 모든 연필에
다 끼워 두면 의식하지 않고도 빠르게 교정할 수 있습니다. 젓가락질 배울 때 교정
젓가락을 사용하는 것처럼 쓰기를 시작하는 초기 단계에서 사용할 것을 권합니다.

그 외 필기구

그 외 깎지 않아도 되는 샤프, 폴더 펜슬, 무한 연필, 자동 연필 등이 있으나 역시 기본은 깎아 쓰는
나무 연필입니다. 조절력을 기르기에도 좋고, 연필을 깎으며 공부를 미리 준비하는 습관도
들일 수 있지요. 공부할 준비, 쓸 준비. 이 부분이 정말 중요합니다.

지우개

지우개는 모양 지우개가 아닌 직사각형 형태를 고르세요. 아인(Ain) 지우개, 스테들러 지우개,
점보 지우개 등이 좋습니다. 커터 칼처럼 밀어서 쓰는 슬라이딩 지우개도 많이 쓰는데,
주의력을 빼앗기기 쉬우므로 어린 아이들에게는 추천하지 않아요.

이 책 200% 활용하기

잘하려는 동기부터 어루만져, 부담은 줄이고 효율은 높여요.

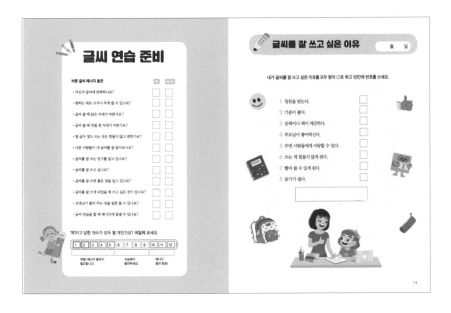

아이를 변화시키는 진짜의 것, '나 할 수 있네?' '내 글씨 보니까 기분 좋아!' 하는 생각, 자신의 성장을 발견하고 더 나아지기 위한 내적 동기가 곧 성취로 이어지도록 다양한 장치를 고안하여 구성하였습니다. 잘하려는 마음부터 북돋아 주세요.

무한 반복 쓰기는 그만! 시지각 트레이닝 중심으로!

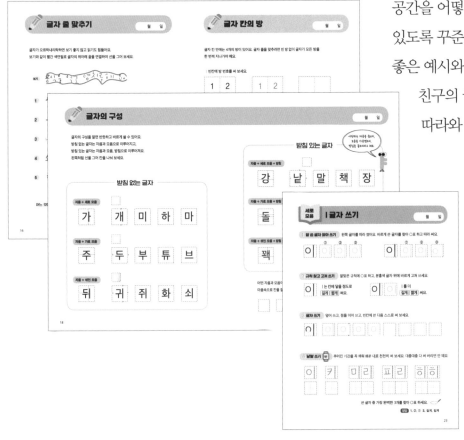

공간을 어떻게 나누고 활용할지 생각할 수 있도록 꾸준히 반복 연습할 수 있는 좋은 예시와 문항을 듬뿍 담았습니다. 친구의 글씨를 보며 차근차근 따라와 보세요.

바른 글자와 글자의 조형 요소를 다양하게 변형한 글자를 비교하고 같은 것을 찾아내는 문항을 통해 '못 썼네, 잘 썼네.'가 아니라 '가로획을 더 길게 써야 겠네.'라고 글씨 문제를 스스로 진단할 수 있게 됩니다.

연습 전의 내 글씨와 대결해서 이기는 신나는 경험!

스티커에 미리 써 둔 처음의
내 글씨와 지금 성장한 글씨를
비교할 수 있습니다.
이 책의 핵심인 동기 부여와
시지각 증진을 위해 설계된
특별한 활동입니다.

칸 공책, 줄 공책, 교과서, 빈 종이 등 학교에서 바로 쓰는 필기 연습까지!

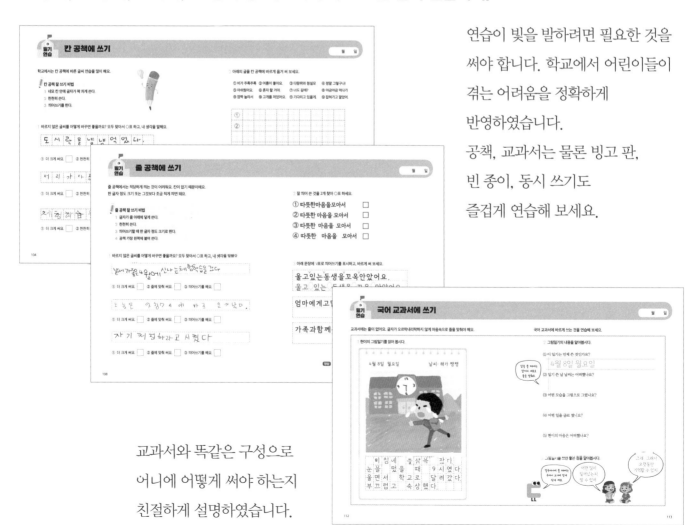

연습이 빛을 발하려면 필요한 것을
써야 합니다. 학교에서 어린이들이
겪는 어려움을 정확하게
반영하였습니다.
공책, 교과서는 물론 빙고 판,
빈 종이, 동시 쓰기도
즐겁게 연습해 보세요.

교과서와 똑같은 구성으로
어디에 어떻게 써야 하는지
친절하게 설명하였습니다.

글씨 연습 준비

바른 글씨 에너지 충전

	예	아니오
• 자신의 글씨에 만족하나요?	☐	☐
• 원하는 대로 크거나 작게 쓸 수 있나요?	☐	☐
• 글씨 쓸 때 앉은 자세가 바른가요?	☐	☐
• 글씨 쓸 때 연필 쥔 자세가 바른가요?	☐	☐
• 열 글자 정도 쓰는 것은 힘들지 않고 편한가요?	☐	☐
• 다른 사람들이 내 글씨를 잘 알아보나요?	☐	☐
• 글씨를 잘 쓰는 친구를 알고 있나요?	☐	☐
• 글씨를 잘 쓰고 싶나요?	☐	☐
• 글씨를 잘 쓰면 좋은 점을 알고 있나요?	☐	☐
• 글씨를 잘 쓰게 되었을 때 쓰고 싶은 것이 있나요?	☐	☐
• 선생님이 불러 주는 것을 얼른 쓸 수 있나요?	☐	☐
• 글씨 연습을 할 때 제시간에 끝낼 수 있나요?	☐	☐

'예'라고 답한 개수가 모두 몇 개인가요? 색칠해 보세요.

1	2	3	4	5	6	7	8	9	10	11	12

위험! 에너지 충전이
필요합니다.

지금부터
충전하세요.

에너지
충전 완료!

글씨를 잘 쓰고 싶은 이유

내가 글씨를 잘 쓰고 싶은 이유를 모두 찾아 ○표 하고 빈칸에 번호를 쓰세요.

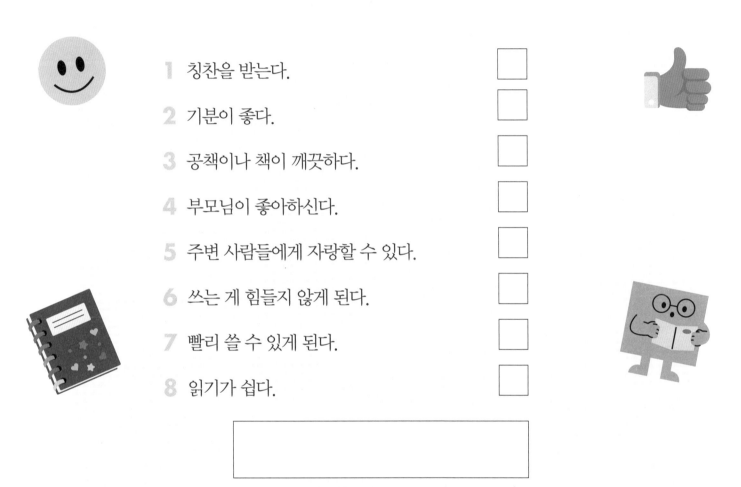

1 칭찬을 받는다. ☐

2 기분이 좋다. ☐

3 공책이나 책이 깨끗하다. ☐

4 부모님이 좋아하신다. ☐

5 주변 사람들에게 자랑할 수 있다. ☐

6 쓰는 게 힘들지 않게 된다. ☐

7 빨리 쓸 수 있게 된다. ☐

8 읽기가 쉽다. ☐

지금의 내 글씨는?

부모님이 글씨 잘 쓰고 싶은지 물어보셨나요? 여러분의 대답이 궁금해요!

우선 여러분 글씨가 어떤지 스스로 한번 살펴보세요.

1 먼저 타이머를 2분에 맞춰 둔다. ➡ **2** 그림을 보고 부록 스티커에 낱말을 쓴다. ➡ **3** 스티커에 표시된 페이지를 찾아 스티커를 붙여 둔다.

아래의 낱말을 부록 스티커에 써 보세요. 잘 쓰려고 하지 말고 평소처럼 쓰세요.

2분 동안 모두 써야 하니까 부지런히 써야 할 거예요. 준비됐나요?

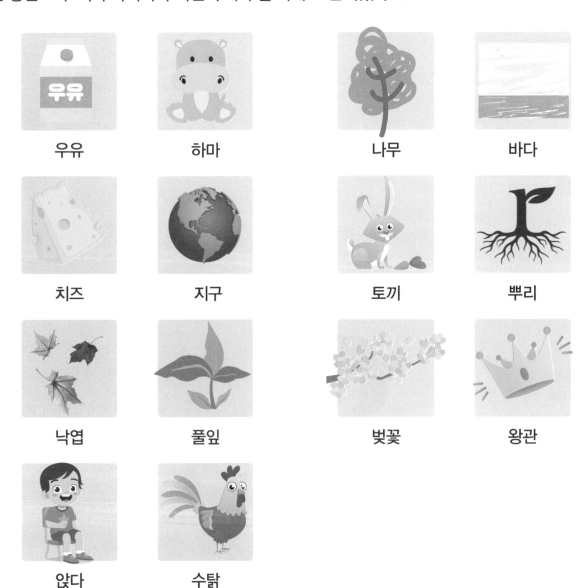

우유	하마	나무	바다
치즈	지구	토끼	뿌리
낙엽	풀잎	벚꽃	왕관
앉다	수탉		

바른 필순

두 가지만 기억해요!

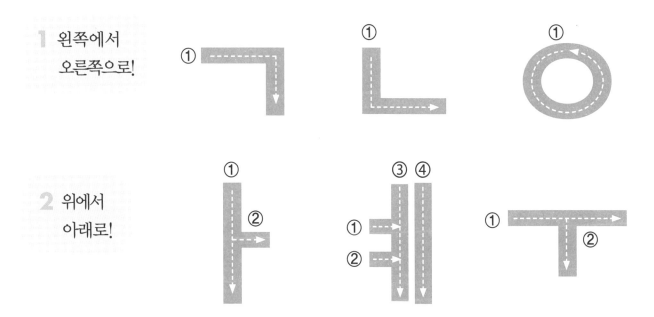

1 왼쪽에서
오른쪽으로!

2 위에서
아래로!

이 책의 용어

가로	─
세로	│
왼쪽	• •
오른쪽	• •
위	
중간	
아래	
나란히	═ ‖

만드는 법   글자 재료

**바른
글씨**

글자 만들기

첫소리
가운뎃소리   **상**
끝소리

자음	ㄱ ㄷ ㅂ
쌍자음	ㄲ ㄸ ㅃ
모음	
가로 모음	─ ㅗ
세로 모음	ㅣ ㅏ
섞인 모음	ㅘ ㅝ
받침	강 숲
쌍받침	밖 었
겹받침	닭 몫

글자가 오르락내리락하면 보기 좋지 않고 읽기도 힘들어요.

보기와 같이 빨간 색연필로 글자의 위아래 끝을 연결하여 선을 그어 보세요.

보기

1 환타를먹었다.

2 왜 나 한테 물어보냐고!

3 친구야 이거 진짜 시어.

4 소금이는 고민이 있었다.

5 항상 노력하겠습니다.

어느 깃이 가장 보기도 좋고 읽기 쉽나요? ☐ 번

16

글자 칸의 방

글자 칸 안에는 4개의 방이 있어요.

글자 줄을 맞추려면 빈 방 없이 글자가 모든 방을 한 번씩 지나가야 해요.

1 빈칸에 방 번호를 써 보세요.

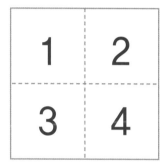

2 빈 방을 찾아 번호를 써 보세요.

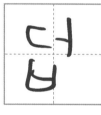  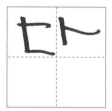  

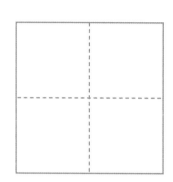

그대로 따라 쓰지 말고 고쳐 써 봐.

3 빈 방 없이 모든 방이 골고루 차도록 글자 위에 덮어서 다시 써 보세요.

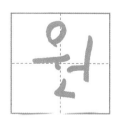 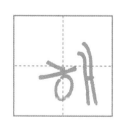 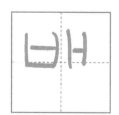  

글자의 구성

글자의 구성을 알면 반듯하고 바르게 쓸 수 있어요.

받침 없는 글자는 자음과 모음으로 이루어지고,

받침 있는 글자는 자음과 모음, 받침으로 이루어져요.

왼쪽처럼 선을 그어 칸을 나눠 보세요.

받침 없는 글자

자음 + 세로 모음

| 가 | 개 | 미 | 하 | 마 |

자음 + 가로 모음

| 주 | 두 | 부 | 튜 | 브 |

자음 + 섞인 모음

| 뒤 | 귀 | 쥐 | 화 | 쇠 |

받침 있는 글자

시작하는 자음을 첫소리,
모음을 가운뎃소리,
받침을 끝소리라고 해요.

자음 + 세로 모음 + 받침

강 낱 말 책 장

자음 + 가로 모음 + 받침

돌 목 욕 웃 음

자음 + 섞인 모음 + 받침

꽥 왕 활 왼 쾅

어떤 자음과 모음이 만나는지에 따라 글자의 모양이 달라져요.
마음속으로 칸을 잘 나눌 수 있으면 글자가 더 반듯해진답니다.

받침 없는 글자 모음 쓰기

" 안녕? 우리는 모음이야.
세 가지만 기억해 줘.
길게, 곧게, 멋지게! "

모음은 칸에
닿을 정도로
길게 써.

가로획, 세로획 모두 곧게 써.
휘청거리기 싫어.

멋지게 쓰고
싶으면 살짝
꺾어 써 봐.

모음 쓰는 순서

세로 모음

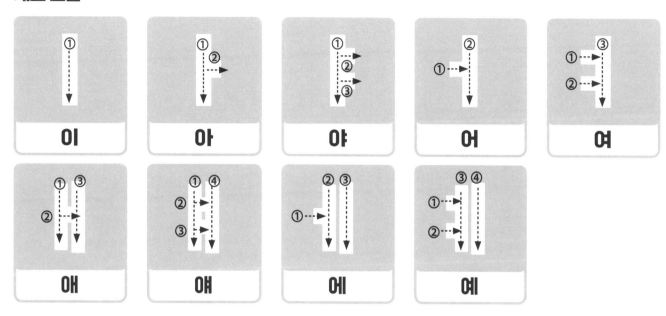

이　아　야　어　여

애　얘　에　예

가로 모음

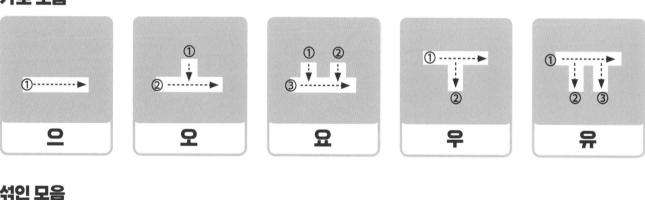

으　오　요　우　유

섞인 모음

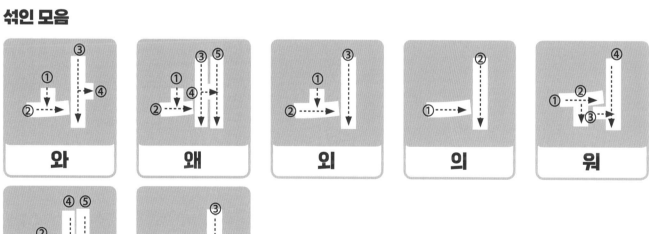

와　왜　외　의　워

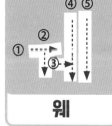

웨

위

• 모음 순서는 바른 글씨를 위해 비슷한 모양 순으로,
  즉 이 책에 실린 순서를 따라 실었습니다.

세로 칸 나눔

1 점을 이어 ☐ 모양으로 자음과 모음의 칸을 나눠 보세요.

2 선을 그어 자음과 모음의 칸을 나눠 보세요.

3 ☐ 모양으로 칸이 나뉘는 글자를 모두 찾아 ○표 하세요. (5개)

4 ☐ 의 모든 방에 글자가 균형 있게 들어간 것을 찾아 ○표 하세요. (5개)

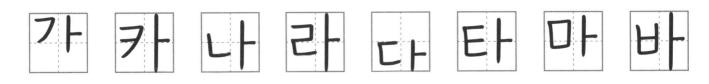

정답 3. 개, 리, 지, 자, 거 4. 카, 나, 라, 타, 바

22

Ⅰ글자 쓰기

월   일

1 잘 쓴 글자 찾아 쓰기

왼쪽 글자를 따라 썼어요. 바르게 쓴 글자를 찾아 ○표 하고 따라 써요.

| 이 | ① 이 | ② 이 | ③ 이 | | 이 | ① 이 | ② 이 | ③ 이 |

2 규칙 찾고 고쳐 쓰기

알맞은 규칙에 ○표 하고, 분홍색 글자 위에 바르게 고쳐 쓰세요.

이 Ⅰ는 칸에 닿을 정도로 [길게] [짧게] 써요.

이 이 Ⅰ를 더 [길게] [짧게] 써요.

3 글자 쓰기

덮어 쓰고, 점을 이어 쓰고, 빈칸에 쓴 다음 스스로 써 보세요.

이 이 이 이 이

4 낱말 쓰기 1분

주어진 시간을 꼭 채워 배운 대로 천천히 써 보세요. 대충대충 다 써 버리면 안 돼요.

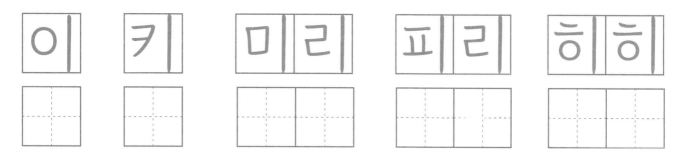

이 키 미리 피리 히히

쓴 글자 중 가장 완벽한 3개를 찾아 ○표 하세요.

정답 1. ②, ① 2. 길게, 길게

ㅏ 글자 쓰기

월   일

1 잘 쓴 글자 찾아 쓰기

아   ①   ②   ③   아   ①   ②   ③

2 규칙 찾고 고쳐 쓰기

 가로획은 ㅣ의
[위] [중간] [아래] 에 써요.

  가로획을 조금
[내려야] [올려야] 해요.

3 글자 쓰기

4 낱말 쓰기 [1분]

아이   이마   하마   나라

쓴 글자 중 가장 완벽한 3개를 찾아 ○표 하세요.

정답 1. ③, ① 2. 중간, 올려야

ㅑ 글자 쓰기

월   일

1 잘 쓴 글자 찾아 쓰기

야 ① ② ③

야 ① ② ③

2 규칙 찾고 고쳐 쓰기

 두 가로획 사이는 ○보다 넓어요. 좁아요.

 두 가로획 사이를 좁혀야 넓혀야 해요.

3 글자 쓰기

4 낱말 쓰기 1분

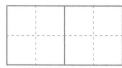

쓴 글자 중 가장 완벽한 3개를 찾아 ○표 하세요.

정답 1. ②, ③ 2. 좁아요, 좁혀야

25

ㅓ 글자 쓰기

월　　　　일

1 잘 쓴 글자 찾아 쓰기

 ① ② ③　　　　 ① ② ③

2 규칙 찾고 고쳐 쓰기

　가로획은 ㅣ의　[위] [중간] [아래] 에 써요.

 　가로획을 조금　[내려야] [올려야] 해요.

3 글자 쓰기

4 낱말 쓰기 [1분]

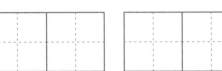

쓴 글자 중 가장 완벽한 3개를 찾아 ○표 하세요.

[정답] **1.** ②, ③ **2.** 중간, 올려야

26

ㅕ 글자 쓰기

1 잘 쓴 글자 찾아 쓰기

여 ① ② ③　　여 ① ② ③

2 규칙 찾고 고쳐 쓰기

여　두 가로획 사이는 O보다
　　넓어요.　좁아요.

여 　두 가로획 사이를
　　좁혀야　넓혀야　해요.

3 글자 쓰기

여

4 낱말 쓰기 1분

벼　혀　여기　여자　펴다

쓴 글자 중 가장 완벽한 3개를 찾아 ○표 하세요.

27

세로
모음

ㅐ 글자 쓰기

월   일

1 잘 쓴 글자 찾아 쓰기

애 ① 애 ② 애 ③ 애   애 ① 애 ② 어 ③ 애

2 규칙 찾고 고쳐 쓰기

애 두 세로획은 나란하게 멀어지게 써요.

애 애 1을 2를 곧게 써야 해요.
1 2

3 글자 쓰기

애 애 ㅇ ㅇ ㅇ

4 낱말 쓰기 1분

해 새 매미 개미 내기

쓴 글자 중 가장 완벽한 3개를 찾아 ○표 하세요.

정답 1. ③, ① 2. 나란하게, 1을

28

ㅔ ㅖ 글자 쓰기

월　일

1 잘 쓴 글자 찾아 쓰기

에 　①　②　③

예 　①　②　③

2 규칙 찾고 고쳐 쓰기

 두 세로획의 길이는 같거나
[첫 번째] [두 번째] 획이 더 길어요.

예 두 가로획 사이를
[좁혀야] [넓혀야] 해요.

3 글자 쓰기

에

예

4 낱말 쓰기

베개　　지네　　지혜　　시계

쓴 글자 중 가장 완벽한 3개를 찾아 ◯표 하세요.

정답 1. ①, ② 2. 두 번째, 좁혀야

29

가로 칸 나눔

1 점을 이어 ☐ 모양으로 자음과 모음의 칸을 나눠 보세요.

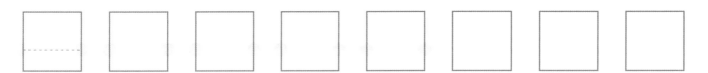

2 선을 그어 자음과 모음의 칸을 나눠 보세요.

3 ☐ 모양으로 칸이 나뉘는 글자를 모두 찾아 ○표 하세요. (6개)

4 ⊞ 의 모든 방에 글자가 균형 있게 들어간 것을 찾아 ○표 하세요. (5개)

정답 3. 누, 초, 코, 우, 유, 소 4. 푸, 수, 추, 후, 뚜

30

ㅡ 글자 쓰기

월   일

1 잘 쓴 글자 찾아 쓰기

① ② ③

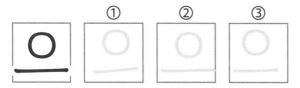

① ② ③

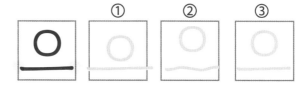

2 규칙 찾고 고쳐 쓰기

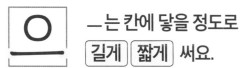 ㅡ는 칸에 닿을 정도로
길게 짧게 써요.

 ㅡ를 더
길게 짧게 써요.

3 글자 쓰기

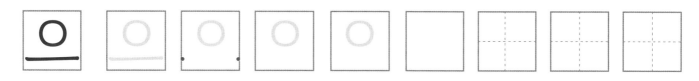

4 낱말 쓰기 1분

크레파스

크리스마스

쓴 글자 중 가장 완벽한 3개를 찾아 ○표 하세요.

정답 1. ②, ③ 2. 길게, 길게

31

1 잘 쓴 글자 찾아 쓰기

 ① ② ③

 ① ② ③

2 규칙 찾고 고쳐 쓰기

 세로획은 ㅡ의
왼쪽 중간 오른쪽 에 써요.

  세로획을 오른쪽으로 왼쪽으로
밀어야 해요.

3 글자 쓰기

4 낱말 쓰기 1분

  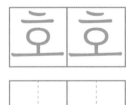 

쓴 글자 중 가장 완벽한 3개를 찾아 ○표 하세요.

정답 1. ①, ② 2. 중간, 오른쪽으로

가로모음

ㅛ 글자 쓰기

월   일

1 잘 쓴 글자 찾아 쓰기

 ① ② ③   ① ② ③

2 규칙 찾고 고쳐 쓰기

 두 세로획 사이는 ○보다
넓어요. 좁아요.

  두 세로획 사이를
좁혀야 넓혀야 해요.

3 글자 쓰기

4 낱말 쓰기 1분

쓴 글자 중 가장 완벽한 3개를 찾아 ○표 하세요.

정답 1. ③, ① 2. 좁아요, 좁혀야

33

ㅜ 글자 쓰기

1 잘 쓴 글자 찾아 쓰기

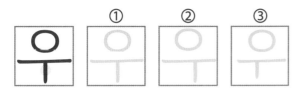

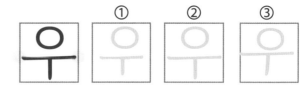

2 규칙 찾고 고쳐 쓰기

세로획은 ㅡ의 [왼쪽] [중간] [오른쪽] 에 써요.

세로획을 [오른쪽으로] [왼쪽으로] 밀어야 해요.

3 글자 쓰기

4 낱말 쓰기 [1분]

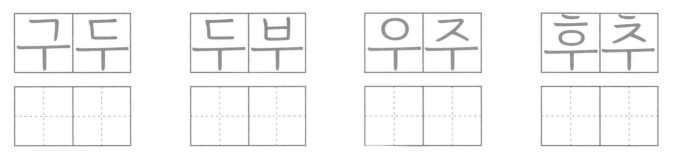

쓴 글자 중 가장 완벽한 3개를 찾아 ○표 하세요.

정답 1. ①, ② 2. 중간, 오른쪽으로

34

ㅠ 글자 쓰기

월   일

1 잘 쓴 글자 찾아 쓰기

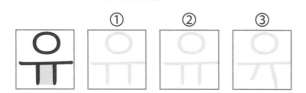
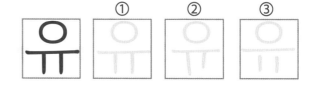

2 규칙 찾고 고쳐 쓰기

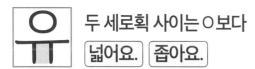 두 세로획 사이는 ○보다 넓어요. 좁아요.

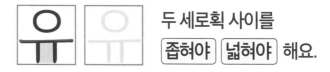 두 세로획 사이를 좁혀야 넓혀야 해요.

3 글자 쓰기

4 낱말 쓰기 1분

우유   튜브   휴지   슈퍼

쓴 글자 중 가장 완벽한 3개를 찾아 ○표 하세요.

정답 1. ②, ① 2. 좁아요, 넓혀야

35

가로세로 칸 나눔

1 점을 이어 ☐ 모양으로 자음과 모음의 칸을 나눠 보세요.

2 선을 그어 자음과 모음의 칸을 나눠 보세요.

와   왜   외   의   워   웨   위   의

3 ☐ 모양으로 칸이 나뉘는 글자를 모두 찾아 ○표 하세요. (3개)

참   외   사   마   귀   외   계   인

4 ☐ 의 모든 방에 글자가 균형 있게 들어간 것을 찾아 ○표 하세요. (4개)

와   왜   외   웨   위   워   의

정답 3. 외, 귀, 외 4. 외, 웨, 위, 의

36

과 새 글자 쓰기

1 잘 쓴 글자 찾아 쓰기

와   ①   ②   ③   왜   ①   ②   ③

2 규칙 찾고 고쳐 쓰기

와   두 짧은 획의 길이는
[같아요.] [달라요.]

왜   ㅐ의 가로획을 조금
[올려야] [내려야] 해요.

3 글자 쓰기

와

왜

4 낱말 쓰기 [1분]

사과   과자   화가   돼지

쓴 글자 중 가장 완벽한 3개를 찾아 ○표 하세요.

정답 1. ②, ① 2. 같아요, 내려야

37

ㅚ ㅢ 글자 쓰기

월　일

1 잘 쓴 글자 찾아 쓰기

외 ① ② ③

의 ① ② ③

2 규칙 찾고 고쳐 쓰기

 '오'보다 'ㅣ'의 키가 [커요.] [작아요.]

의 '으'와 'ㅣ'를 더 [띄어야] [붙여야] 해요.

3 글자 쓰기

4 낱말 쓰기 [1분]

최고　회사　의사　무늬

쓴 글자 중 가장 완벽한 3개를 찾아 ○표 하세요.

정답 **1.** ①, ③ **2.** 커요, 붙여야

ㅝ ㅞ ㅟ 글자 쓰기

월 일

1 잘 쓴 글자 찾아 쓰기

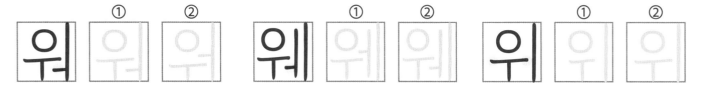

2 규칙 찾고 고쳐 쓰기

워 웨 ㅝ의 가로획은 ㅜ의 위 아래 에 써요.

웨 ㅞ의 가로획을 올려야 내려야 해요.

3 글자 쓰기

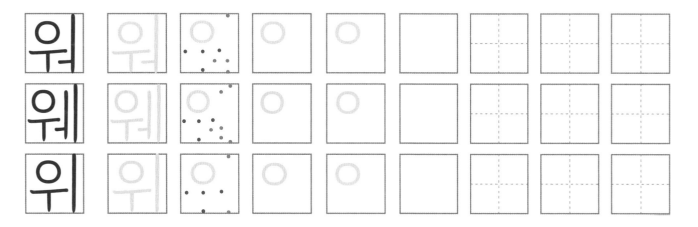

4 낱말 쓰기 1분

쉬워요   귀여워요   스웨터

쓴 글자 중 가장 완벽한 3개를 찾아 ○표 하세요.

정답 1. ①, ②, ② 2. 아래, 내려야

모음 복습

1 글자를 보고 알맞은 것에 ○표 하세요.

이 | 는 칸에 닿을 정도로 길게 짧게 써요.

으 ─는 칸에 닿을 정도로 길게 짧게 써요.

아 ㅏ의 가로획은 | 의 위 중간 아래 에 써요.

요 ㅛ의 두 세로획 사이는 ○보다 넓어요 좁아요.

2 바르게 써 보세요.

이		
어		
에		
오		
유		
외		
웨		

아		
여		
예		
요		
와		
의		
위		

야		
애		
으		
우		
왜		
워		

3 바르게 써 보세요.

 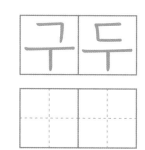 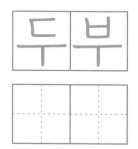 

4 더 멋지게 쓰기 위해 세로획 꺾어 쓰기를 연습해 보세요.

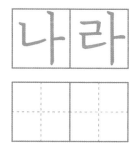  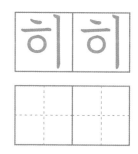 

5 오른쪽 빈칸에 낱말을 쓰고 예전의 내 글씨와 대결해 보세요.

내가 쓴 글자 스티커를 이곳에 붙여 줘.

배운 대로 바르게 쓴 다음 이긴 쪽에 O표 해 봐.

 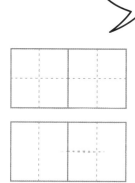

우유

하마

41

받침 없는 글자
자음 쓰기

"안녕? 우리는 자음이야.
세 가지만 기억해 줘.
획순 따라, 반듯하게, 천천히!"

ㄹ을 지렁이처럼
한 번에 쓰면 안 돼.

ㅇ, ㅎ을 빼고는 모두
네모 반듯하게 써야 해.

자음은 꺾어지는
획이 많아. 천천히 써.

ㄱ ㄴ ㄷ ㄹ ㅁ ㅂ ㅅ

자음 쓰는 순서

• 모양이 비슷한 자음끼리 묶어서 쓰는 순서를 익혀 보세요.

 기역

 키읔

 니은

 리을

 디귿

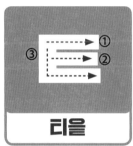 티읕

 미음

 비읍

 피읖

 시옷

 지읒

 치읓

 이응

 히읗

1 잘 쓴 글자 찾아 쓰기

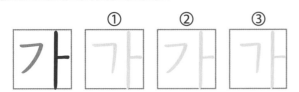

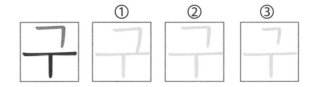

2 규칙 찾고 고쳐 쓰기

가   ㄱ은 가로 세로 모음과
만날 때 길쭉하게 써요.

가 가   ㄱ의 끝은
기울여야 곧아야 해요.

3 글자 쓰기

4 낱말 쓰기 1분

가게   고기   기계   고구마

쓴 글자 중 가장 완벽한 3개를 찾아 ○표 하세요.

정답   1. ②, ②   2. 세로, 기울여야

44

ㅋ 글자 쓰기

월　일

1 잘 쓴 글자 찾아 쓰기

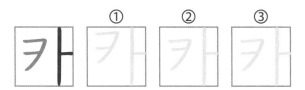

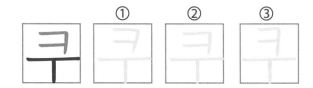

2 규칙 찾고 고쳐 쓰기

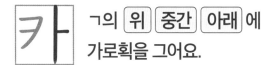

ㄱ의 위 중간 아래 에 가로획을 그어요.

ㅋ의 가운데 획을 올려야 내려야 해요.

3 글자 쓰기

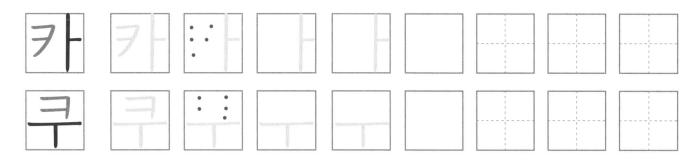

4 날말 쓰기 1분

코　쿠키　케이크　키위

쓴 글자 중 가장 완벽한 3개를 찾아 ○표 하세요.

정답　1. ③, ②　2. 중간, 내려야

45

ㄴ 글자 쓰기

월   일

1 잘 쓴 글자 찾아 쓰기

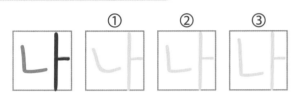

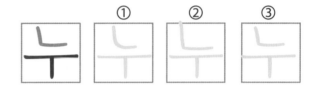

2 규칙 찾고 고쳐 쓰기

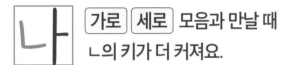

가로 세로 모음과 만날 때
ㄴ의 키가 더 커져요.

ㄴ을 꺾어지게 둥글게
써야 해요.

3 글자 쓰기

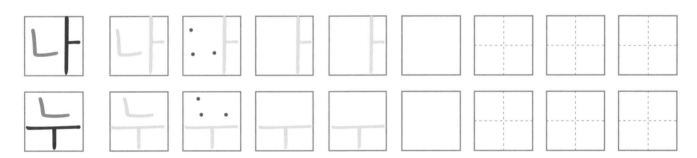

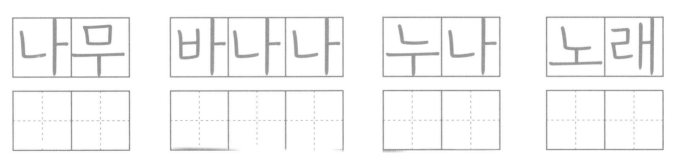

4 낱말 쓰기 1분

나무   바나나   누나   노래

쓴 글자 중 가장 완벽한 3개를 찾아 ○표 하세요.

정답 1. ②, ③ 2. 세로, 꺾어지게

ㄹ 글자 쓰기

월   일

1 잘 쓴 글자 찾아 쓰기

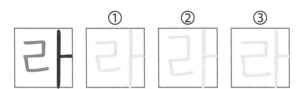

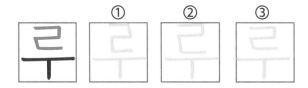

2 규칙 찾고 고쳐 쓰기

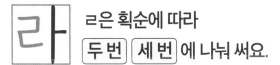
ㄹ은 획순에 따라
두 번 | 세 번 에 나눠 써요.

ㄹ의 윗부분을
좁혀야 | 넓혀야 해요.

3 글자 쓰기

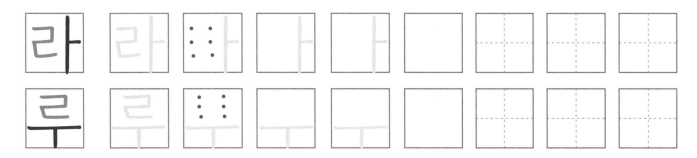

4 낱말 쓰기 [1분]

개구리	가루	도로	라디오

쓴 글자 중 가장 완벽한 3개를 찾아 ○표 하세요.

정답 **1.** ①, ③ **2.** 세 번, 좁혀야

47

ㄷ 글자 쓰기

월   일

1 잘 쓴 글자 찾아 쓰기

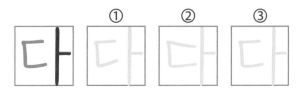

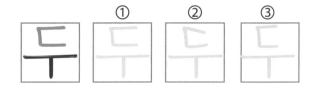

2 규칙 찾고 고쳐 쓰기

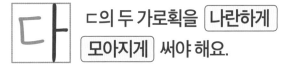

ㄷ의 두 가로획을 나란하게 모아지게 써야 해요.

1을 2를 곧게 써야 해요.

3 글자 쓰기

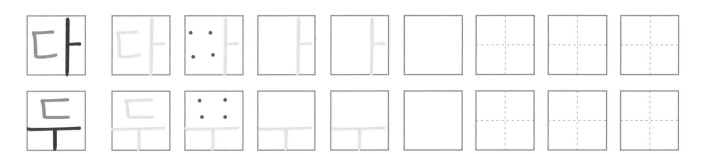

4 낱말 쓰기 1분

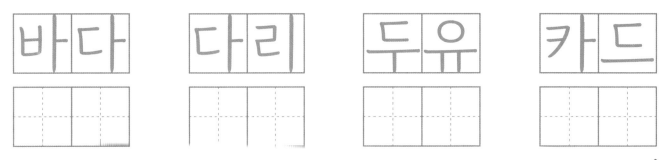

쓴 글자 중 가장 완벽한 3개를 찾아 ○표 하세요.

정답 1. ③, ① 2. 나란하게, 2를

ㅌ 글자 쓰기

월   일

1 잘 쓴 글자 찾아 쓰기

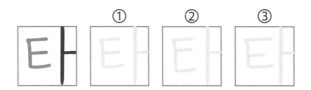

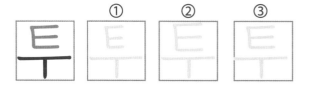

2 규칙 찾고 고쳐 쓰기

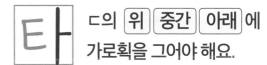

ㄷ의 위 중간 아래 에
가로획을 그어야 해요.

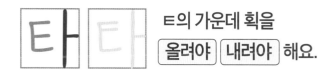

ㅌ의 가운데 획을
올려야 내려야 해요.

3 글자 쓰기

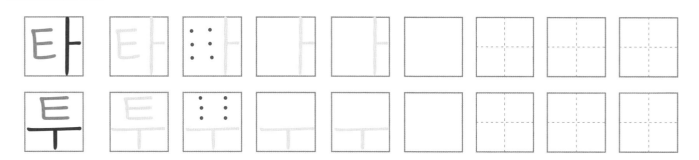

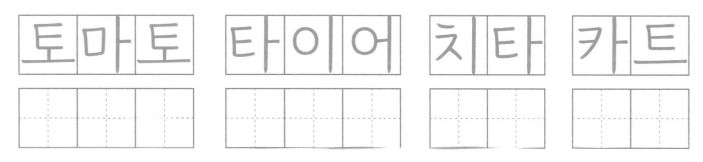

4 낱말 쓰기 1분

토마토   타이어   치타   카트

쓴 글자 중 가장 완벽한 3개를 찾아 ○표 하세요.

정답 1. ①, ③   2. 중간, 내려야

49

ㅁ 글자 쓰기

1 잘 쓴 글자 찾아 쓰기

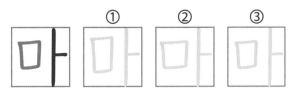

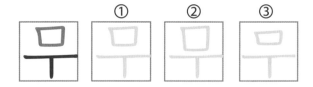

2 규칙 찾고 고쳐 쓰기

마 ㅁ은 [한 번] [세 번] 에 걸쳐 써요.

마 ㅁ의 열린 부분을 [없애야] [넓혀야] 해요.

3 글자 쓰기

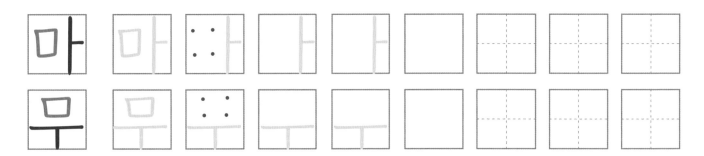

4 낱말 쓰기 1분

매미   마트   모래   모기

쓴 글자 중 가장 완벽한 3개를 찾아 ○표 하세요.

정답 1. ③, ① 2. 세 번, 없애야

50

ㅂ 글자 쓰기

1 잘 쓴 글자 찾아 쓰기

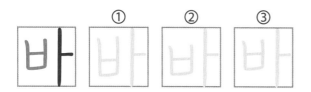

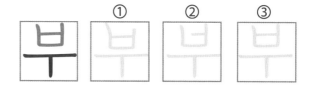

2 규칙 찾고 고쳐 쓰기

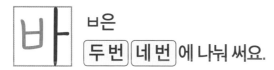

ㅂ은
두 번 네 번 에 나눠 써요.

1을 더 길게
2를 더 짧게 써야 해요.

3 글자 쓰기

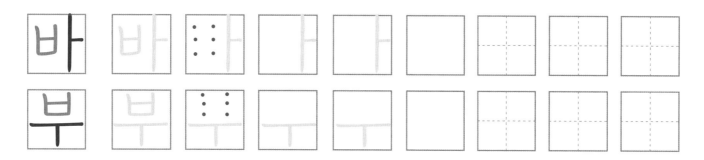

4 날말 쓰기 1분

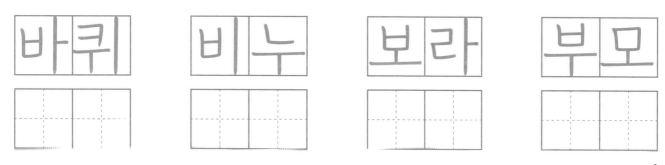

바퀴   비누   보라   부모

쓴 글자 중 가장 완벽한 3개를 찾아 ○표 하세요.

정답 1. ③, ③ 2. 네 번, 2를 더 짧게

51

ㅍ 글자 쓰기

월 일

1 잘 쓴 글자 찾아 쓰기

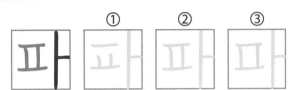

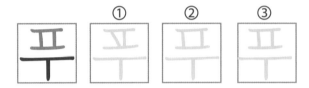

2 규칙 찾고 고쳐 쓰기

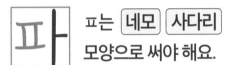

ㅍ는 네모 사다리 모양으로 써야 해요.

ㅍ의 세로획 사이를 넓혀야 좁혀야 해요.

3 글자 쓰기

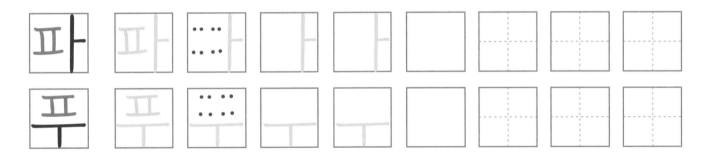

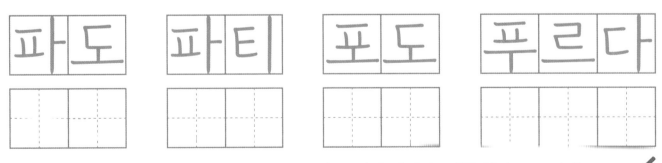

4 낱말 쓰기 1분

파도 파티 포도 푸르다

쓴 글자 중 가장 완벽한 3개를 찾아 ○표 하세요.

정답 1. ②, ③ 2. 사다리, 좁혀야

52

1 글자를 보고 알맞은 것에 ○표 하세요.

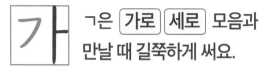

가 ㄱ은 가로 세로 모음과 만날 때 길쭉하게 써요.

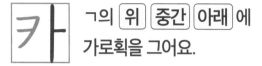

카 ㄱ의 위 중간 아래 에 가로획을 그어요.

라 ㄹ은 획순에 따라 두 번 세 번 에 나눠 써요.

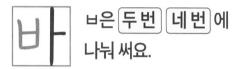

바 ㅂ은 두 번 네 번 에 나눠 써요.

2 바르게 써 보세요.

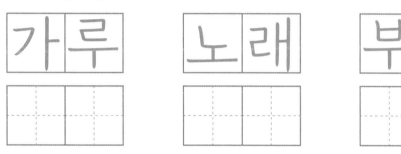

가루　노래　부모　카트

3 더 멋지게 쓰기 위해 세로획 꺾어 쓰기를 연습해 보세요.

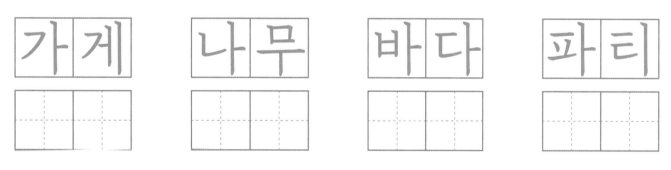

가게　나무　바다　파티

4 오른쪽 빈칸에 낱말을 쓰고 예전의 나와 글씨를 대결해 보세요.

배운 대로 바르게 쓴 다음 이긴 쪽에 ○표 해 봐.

내가 쓴 글자 스티커를 이곳에 붙여 둬.

나무

바다

정답　**1.** 세로, 중간, 세 번, 네 번

53

ㅅ 글자 쓰기

1 잘 쓴 글자 찾아 쓰기

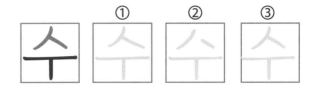

2 규칙 찾고 고쳐 쓰기

사 ㅅ은 첫 번째 획이 두 번째 획보다 더 길어요. 짧아요.

사 사 두 번째 획이 더 길어야 짧아야 해요.

3 글자 쓰기

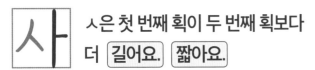

4 낱말 쓰기 1분

샤	워		이	사		시	소		소	시	지

쓴 글자 중 가장 완벽한 3개를 찾아 ○표 하세요.

정답 1. ②, ③ 2. 길어요, 짧아야

ㅈ 글자 쓰기

1 잘 쓴 글자 찾아 쓰기

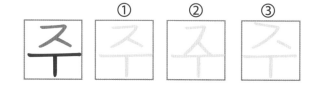

2 규칙 찾고 고쳐 쓰기

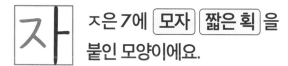

ㅈ은 ㄱ에 모자 짧은 획 을 붙인 모양이에요.

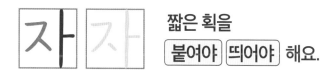

짧은 획을 붙여야 띄어야 해요.

3 글자 쓰기

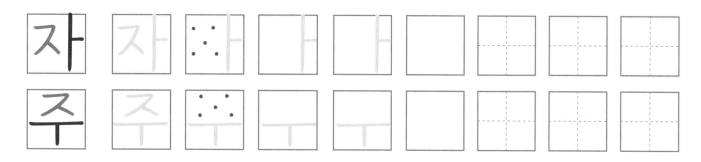

4 낱말 쓰기 1분

지구 피자 타조 주사

쓴 글자 중 가장 완벽한 3개를 찾아 ○표 하세요.

55

ㅊ 글자 쓰기

1 잘 쓴 글자 찾아 쓰기

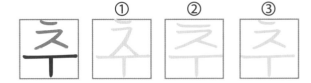

2 규칙 찾고 고쳐 쓰기

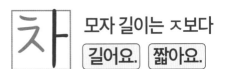

모자 길이는 ㅈ보다
길어요. 짧아요.

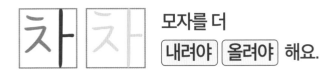

모자를 더
내려야 올려야 해요.

3 글자 쓰기

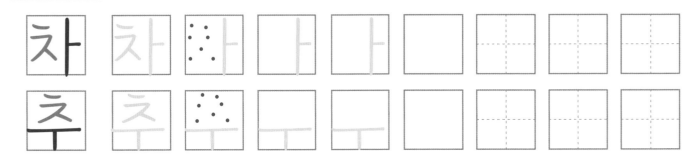

4 낱말 쓰기 1분

체조   치즈   배추   최고

쓴 글자 중 가장 완벽한 3개를 찾아 ○표 하세요.

정답 1. ②, ③ 2. 짧아요, 내려야

56

ㅇ 글자 쓰기

월   일

1 잘 쓴 글자 찾아 쓰기

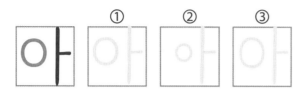

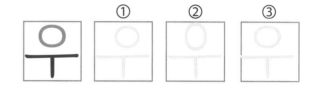

2 규칙 찾고 고쳐 쓰기

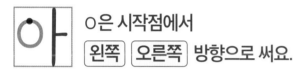

ㅇ은 시작점에서 [왼쪽] [오른쪽] 방향으로 써요.

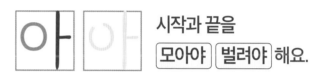

시작과 끝을 [모아야] [벌려야] 해요.

3 글자 쓰기

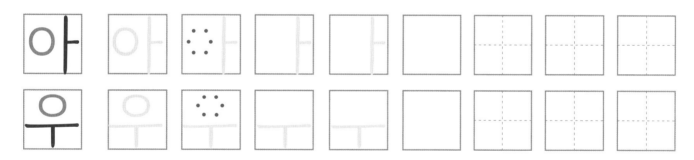

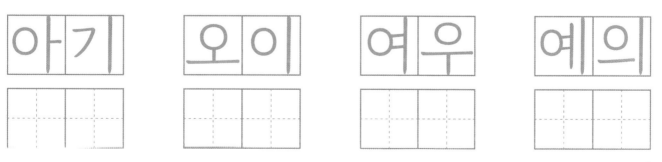

4 낱말 쓰기 1분

아기	오이	여우	예의

쓴 글자 중 가장 완벽한 3개를 찾아 〇표 하세요.

정답 1. ①, ③ 2. 왼쪽, 모아야

ㅎ 글자 쓰기

월   일

1 잘 쓴 글자 찾아 쓰기

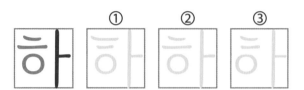

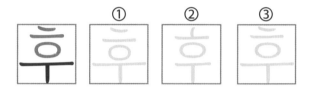

2 규칙 찾고 고쳐 쓰기

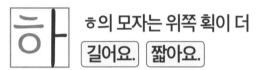

ㅎ의 모자는 위쪽 획이 더
길어요. 짧아요.

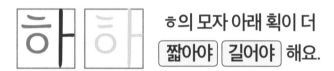

ㅎ의 모자 아래 획이 더
짧아야 길어야 해요.

3 글자 쓰기

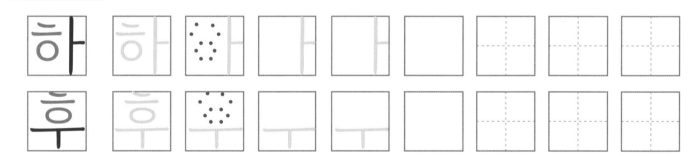

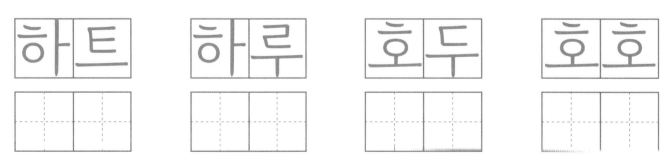

4 낱말 쓰기 [1분]

하트

하루

호두

호호

쓴 글자 중 가장 완벽한 3개를 찾아 ◯표 하세요.

정답 1. ②, ③ 2. 짧아요, 길어야

복습 **자음 복습**

월   일

1 글자를 보고 알맞은 것에 ○표 하세요.

 ㅅ은 첫번째 획이 두번째 획보다 더 [길어요.] [짧아요.]

 ㅈ은 ㄱ에 [모자] [짧은 획]을 붙인 모양이에요.

 ㅊ의 모자 길이는 ㅈ보다 [길어요.] [짧아요.]

 ㅇ은 [왼쪽] [오른쪽] 방향으로 써요.

2 바르게 써 보세요.

  체조 샤워 호두 예의

3 더 멋지게 쓰기 위해 세로획 꺾어 쓰기를 연습해 보세요.

 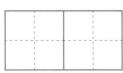  치즈 피자 이사 지구

4 오른쪽 빈칸에 낱말을 쓰고 예전의 나와 글씨를 대결해 보세요.

내가 쓴 글자 스티커를 이곳에 붙여 둬.

배운 대로 바르게 쓴 다음 이긴 쪽에 O표 해 봐.

치즈

지구

1. 길어요, 짧은 획, 짧아요, 왼쪽

59

11 글자 쓰기

월   일

1 잘 쓴 글자 찾아 쓰기

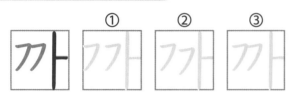

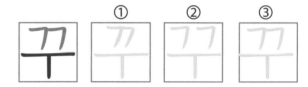

2 규칙 찾고 고쳐 쓰기

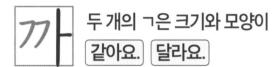 두 개의 ㄱ은 크기와 모양이
[같아요.] [달라요.]

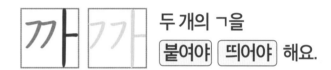 두 개의 ㄱ을
[붙여야] [띄어야] 해요.

3 글자 쓰기

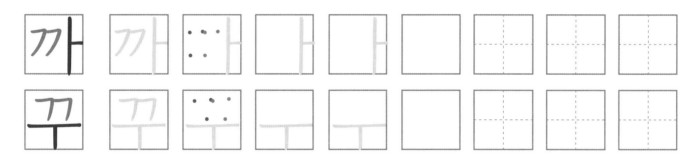

4 낱말 쓰기 [1분]

| 토끼 | 두꺼비 | 꼬리 | 꼬마 |

쓴 글자 중 가장 완벽한 3개를 찾아 ○표 하세요.

정답 1. ③, ③ 2. 같아요, 붙여야

60

ㄸ 글자 쓰기

1 잘 쓴 글자 찾아 쓰기

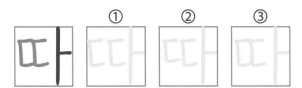

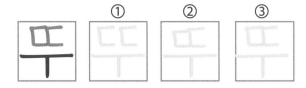

2 규칙 찾고 고쳐 쓰기

ㄸ은 ㄷ을 쓸 때보다 더 길쭉하게 납작하게 써요.

두 개의 ㄷ을 붙여야 띄어야 해요.

3 글자 쓰기

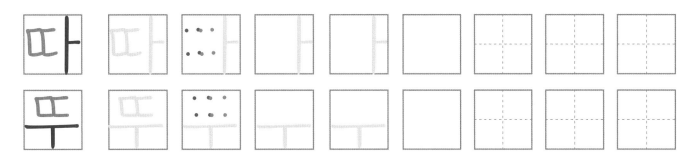

4 낱말 쓰기 [1분]

머리띠

메뚜기

뛰다

쓴 글자 중 가장 완벽한 3개를 찾아 ○표 하세요.

정답   1. ③, ③   2. 길쭉하게, 붙여야

61

ㅃ 글자 쓰기

월   일

1 잘 쓴 글자 찾아 쓰기

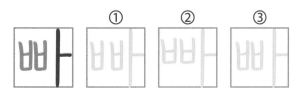

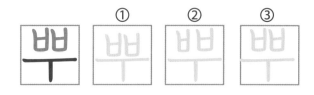

2 규칙 찾고 고쳐 쓰기

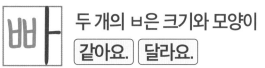
두 개의 ㅂ은 크기와 모양이
| 같아요. | 달라요. |

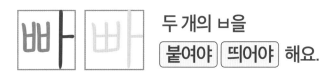
두 개의 ㅂ을
| 붙여야 | 띄어야 | 해요.

3 글자 쓰기

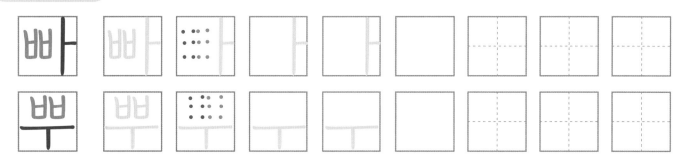

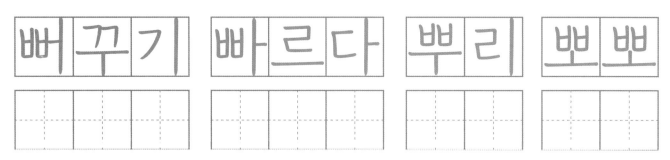

4 낱말 쓰기 [1분]

뻐꾸기   빠르다   뿌리   뽀뽀

쓴 글자 중 가장 완벽한 3개를 찾아 ○표 하세요.

정답 1. ③, ③ 2. 같아요, 띄어야

싸 글자 쓰기

월 일

1 잘 쓴 글자 찾아 쓰기

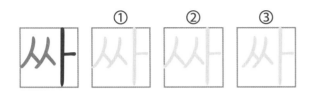

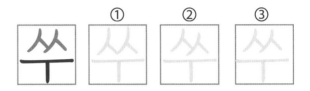

2 규칙 찾고 고쳐 쓰기

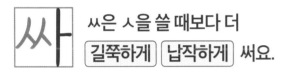

싸은 ㅅ을 쓸 때보다 더 [길쭉하게] [납작하게] 써요.

ㅅ의 높이가 [같아야] [달라야] 해요.

3 글자 쓰기

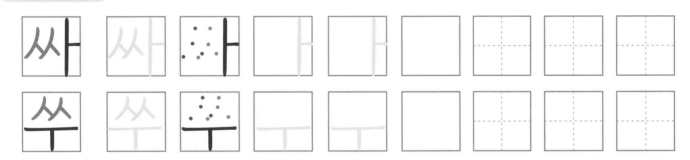

4 낱말 쓰기 [1분]

싸다   싸우다   쓰레기   쓰기

쓴 글자 중 가장 완벽한 3개를 찾아 ○표 하세요.

정답 1. ①, ③ 2. 길쭉하게, 같아야

63

쯔 글자 쓰기

월 일

1 잘 쓴 글자 찾아 쓰기

짜 ① ② ③

쭈 ① ② ③

2 규칙 찾고 고쳐 쓰기

 두 개의 ㅈ은 크기와 모양이
[같아요.] [달라요.]

 [1을 더 크게]
[2를 더 작게] 써야 해요.

3 글자 쓰기

       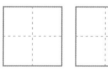

     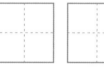

4 낱말 쓰기 1분

찌개

찌꺼기

쭈쭈바

쓴 글자 중 가장 완벽한 3개를 찾아 ○표 하세요.

정답 **1.** ①, ① **2.** 같아요, 1을 더 크게

1 글자를 보고 알맞은 것에 ○표 하세요.

 두 개의 ㄱ은 크기와 모양이
같아요 | 달라요.

 두 개의 ㅂ은 크기와 모양이
같아요 | 달라요.

 따은 ㄷ을 쓸 때보다 더
길쭉하게 | 납작하게 써요.

 싸은 ㅅ을 쓸 때보다 더
길쭉하게 | 납작하게 써요.

2 바르게 써 보세요.

쓰기   뽀뽀   뿌리   꼬마

3 더 멋지게 쓰기 위해 세로획 꺾어 쓰기를 연습해 보세요.

싸다   토끼   뛰다   찌개

4 오른쪽 빈칸에 낱말을 쓰고 예전의 나와 글씨를 대결해 보세요.

배운 대로
바르게 쓴 다음
이긴 쪽에 ○표 해 봐.

내가 쓴 글자
스티커를 이곳에
붙여 둬.

 토끼

뿌리

정답 **1.** 같아요, 길쭉하게, 같아요, 길쭉하게

65

받침 있는 글자 쓰기

"안녕? 난 받침이야.
받침 위의 글자와 받침 크기가 비슷해
딱 한 가지만 기억해 줘.
윗집 아랫집은 쌍둥이 집!"

첫소리와 받침은
비슷한 크기로 써.

집을 나가서
엉뚱한 곳에
가면 안 돼.

받침에 자음이 두 개 올 때는
집을 반으로 나누면 돼.

닭 국 물 생 각 몸

받침의 종류

받침 어떤 자음이든 받침이 될 수 있어요.

ㄱ ㄴ ㄷ ㄹ ㅁ ㅂ ㅅ ㅇ ㅈ ㅊ ㅋ ㅌ ㅍ ㅎ

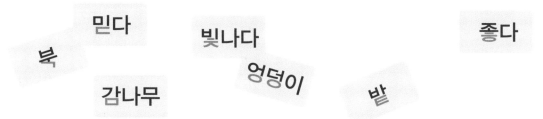

북   믿다   빛나다   좋다
감나무   엉덩이   밭

쌍받침 같은 자음을 두 번 써서 만든 받침이에요.

ㄲ
ㅆ

볶음   깎다   섞다
묶다
갔다   있다   왔다   봤다

겹받침 서로 다른 두 자음이 만나는 받침이에요.

ㄳ ㄵ ㄶ ㄺ ㄻ ㄼ ㄽ ㄾ ㄿ ㅀ ㅄ

몫   굶다   여덟
앉다   많다   닭장   핥다   끓다
없다   읊다

받침 칸 나눔 ①

1 점을 이어 ☐ 모양으로 받침의 칸을 나눠 보세요.

☐ ☐ ☐ ☐ ☐ ☐ ☐ ☐

2 선을 그어 받침의 칸을 나눠 보세요.

강 장 견 절 산 답 심 앞

3 ☐ 모양으로 칸이 나뉘는 글자를 모두 찾아 ○표 하세요. (6개)

설 날 방 학 겨 울 자 연

4 ☐ 의 모든 방에 글자가 균형 있게 들어간 것을 찾아 ○표 하세요. (3개)

각 낮 잎 밥 빛 닭 겉 맘

정답 3. 설, 날, 방, 학, 울, 연 4. 낮, 잎, 밥

받침 칸 나눔 ②

1 점을 이어 ☐ 모양으로 받침의 칸을 나눠 보세요.

2 선을 그어 받침의 칸을 나눠 보세요.

공 공 풀 등 줄 관 왕 윈

3 ☐ 모양으로 칸이 나뉘는 글자를 모두 찾아 ○표 하세요. (4개)

선 물 산 타 할 아 버 지

4 ☐ 의 모든 방에 글자가 균형 있게 들어간 것을 찾아 ○표 하세요. (3개)

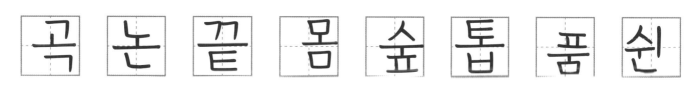

곡 논 끝 몸 숲 톱 품 쉰

ㄱ 받침 쓰기

월   일

1 잘 쓴 글자 찾아 쓰기

① ② ③
각 각 각 각

① ② ③
각 각 각 각

① ② ③
곡 곡 곡 곡

① ② ③
곡 곡 곡 곡

2 글자 쓰기

각 각 각 가 가

곡 곡 곡 고 고

3 낱말 쓰기 1분

 약국

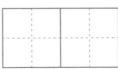 가족

 떡국

목욕

쓴 글자 중 가장 완벽한 3개를 찾아 ○표 하세요.

정답 1. ②, ③, ③, ②

70

ㅋ 받침 쓰기

1 잘 쓴 글자 찾아 쓰기

	①	②	③
엌	엌	엌	엌

	①	②	③
엌	엌	엌	엌

	①	②	③
녘	녘	녘	녘

	①	②	③
녘	녘	녘	녘

2 글자 쓰기

엌	엌	엌	어	어				

녘	녘	녘	녀	녀				

3 낱말 쓰기

부	엌

키	읔

해	질	녘

새	벽	녘

쓴 글자 중 가장 완벽한 3개를 찾아 ○표 하세요.

정답 1. ③, ③, ③, ②

71

ㄴ 받침 쓰기

1 잘 쓴 글자 찾아 쓰기

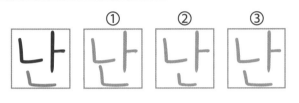

①	②	③
난	난	난	난

①	②	③
난	난	난	난

①	②	③
논	논	논	논

①	②	③
논	논	논	논

2 글자 쓰기

난   난   난   나   나

논   논   논   노   노

3 낱말 쓰기 1분

군인	자돈	반찬	학원

쓴 글자 중 가장 완벽한 3개를 찾아 ○표 하세요.

정답   1. ③, ③, ①, ②

72

ㄹ 받침 쓰기

월   일

1 잘 쓴 글자 찾아 쓰기

	①	②	③
랄	랄	랄	랄

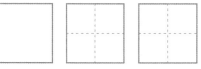

	①	②	③
콸	콸	콸	콸

2 글자 쓰기

랄	랄	라	라	라				
콸	콸	코	코	코				

3 낱말 쓰기

쓴 글자 중 가장 완벽한 3개를 찾아 ○표 하세요.

정답 1. ③, ①, ②, ②

73

ㄷ 받침 쓰기

월   일

1 잘 쓴 글자 찾아 쓰기

① ② ③
달 달 닫 달

① ② ③
달 닫 닫 달

① ② ③
돋 돋 돈 돋

① ② ③
돋 돈 돋 돋

2 글자 쓰기

닫 닫 닫 다 다

돋 돋 돋 도 도

3 낱말 쓰기 1분

닫다 걷다 숟가락 해돋이

쓴 글자 중 가장 완벽한 3개를 찾아 ○표 하세요.

정답 1. ②, ②, ①, ①

ㅌ 받침 쓰기

1 잘 쓴 글자 찾아 쓰기

	①	②	③
겉	겉	겉	겉

	①	②	③
겉	겉	겉	겉

	①	②	③
끝	끝	끝	끝

	①	②	③
끝	끝	끝	끝

2 글자 쓰기

겉	겉	겉	거	거				
끝	끝	끄	끄	끄				

3 낱말 쓰기 1분

같다	겉옷	팥죽	끝말잇기

쓴 글자 중 가장 완벽한 3개를 찾아 ○표 하세요.

정답 1. ②, ②, ①, ②

75

ㅁ 받침 쓰기

월   일

1 잘 쓴 글자 찾아 쓰기

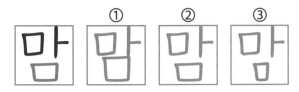

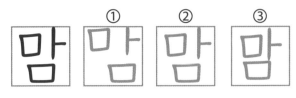

2 글자 쓰기

| 맘 | 맘 | 맘 | 마 | 마 | | | | |
| 몸 | 몸 | 모 | 모 | 모 | | | | |

3 낱말 쓰기

점심   구름   하품   맴맴

쓴 글자 중 가장 완벽한 3개를 찾아 ○표 하세요.

정답 1. ②, ②, ①, ②

ㅂ 받침 쓰기

1 잘 쓴 글자 찾아 쓰기

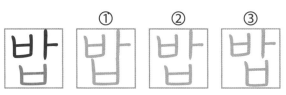

① ② ③
밥 밥 밥 밥

① ② ③
밥 밥 밥 밥

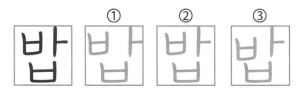

① ② ③
봅 봅 봅 봅

① ② ③
봅 봅 봅 봅

2 글자 쓰기

밥 밥 밥 바 바

봅 봅 봅 보 보

3 낱말 쓰기 1분

껍질

팝콘

손톱

낙엽

쓴 글자 중 가장 완벽한 3개를 찾아 ○표 하세요.

정답 **1.** ②, ②, ①, ③

77

ㅍ 받침 쓰기

1 잘 쓴 글자 찾아 쓰기

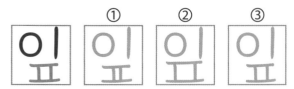

① ② ③

잎 잎 잎 잎

① ② ③

잎 잎 잎 잎

① ② ③

숲 숲 숲 숲

① ② ③

숲 숲 숲 숲

2 글자 쓰기

잎 잎 잎 이 이

숲 숲 숲 수 수

3 낱말 쓰기 1분

앞니   무릎   숲길   풀잎

쓴 글자 중 가장 완벽한 3개를 찾아 ○표 하세요.

정답 1. ③, ①, ①, ③

78

1 바르게 써 보세요.

떡국			떡국
팥죽			
낙엽			

2 더 멋지게 쓰기 위해 세로획 꺾어 쓰기를 연습해 보세요..

| 달걀 | 점심 | 반찬 | 앞니 |
| | | | |

3 오른쪽 빈칸에 낱말을 쓰고 예전의 나와 글씨를 대결해 보세요.

배운 대로
바르게 쓴 다음
이긴 쪽에 O표 해 봐.

내가 쓴 글자
스티커를 이곳에
붙여 둬.

낙엽

풀잎

ㅅ 받침 쓰기

월   일

1 잘 쓴 글자 찾아 쓰기

	①	②	③
솟	솟	솟	솟

	①	②	③
솟	솟	솟	솟

	①	②	③
쉿	쉿	쉿	쉿

2 글자 쓰기

솟	솟	솟	소	소				

쉿	쉿	쉿	쉬	쉬				

3 낱말 쓰기

도넛	버섯	촛불	깃발

쓴 글자 중 가장 완벽한 3개를 찾아 ○표 하세요.

정답 1. ②, ③, ②, ③

ㅈ 받침 쓰기

월   일

1 잘 쓴 글자 찾아 쓰기

낮 ① 낮 ② 낮 ③ 낮   낮 ① 낮 ② 낮 ③ 낮

늦 ① 늦 ② 늦 ③ 늦   늦 ① 늦 ② 늦 ③ 늦

2 글자 쓰기

낮 낮 낮 나 나 ☐ ☐ ☐ ☐

늦 늦 늦 느 느 ☐ ☐ ☐ ☐

3 낱말 쓰기

낮잠   곳감   젖소   늦잠

☐☐   ☐☐   ☐☐   ☐☐

쓴 글자 중 가장 완벽한 3개를 찾아 ○표 하세요.

ㅊ 받침 쓰기

1 잘 쓴 글자 찾아 쓰기

빛 ① 빛 ② 빛 ③ 빛

빛 ① 빛 ② 빛 ③ 빛

꽃 ① 꽃 ② 꽃 ③ 꽃

꽃 ① 꽃 ② 꽃 ③ 꽃

2 글자 쓰기

빛 빛 빛 비 비

꽃 꽃 꽃 꼬 꼬

3 낱말 쓰기 1분

벚꽃 햇빛 윷놀이 꽃다발

쓴 글자 중 가장 완벽한 3개를 찾아 ○표 하세요.

정답 1. ①, ③, ③, ②

82

ㅇ 받침 쓰기

1 잘 쓴 글자 찾아 쓰기

앙 ①앙 ②앙 ③앙

앙 ①앙 ②앙 ③앙

왕 ①왕 ②왕 ③왕

왕 ①왕 ②왕 ③왕

2 글자 쓰기

앙 앙 아 아 아

왕 왕 와 와 와

3 낱말 쓰기 1분

공룡

깡충

동생

왕관

쓴 글자 중 가장 완벽한 3개를 찾아 ○표 하세요.

정답 1. ③, ③, ③, ①

ㅎ 받침 쓰기

1 잘 쓴 글자 찾아 쓰기

	①	②	③		①	②	③
쌍	쌍	쌍	쌍	쌍	쌍	쌍	쌍
좋	좋	좋	좋	좋	좋	좋	좋

2 글자 쓰기

쌍	쌍	쌍	싸	싸				
좋	좋	조	조	조				

3 낱말 쓰기 1분

쌓	다	좋	다	빨	갛	다	파	랗	다

쓴 글자 중 가장 완벽한 3개를 찾아 ○표 하세요.

정답 1. ③, ①, ①, ③

1 바르게 써 보세요.

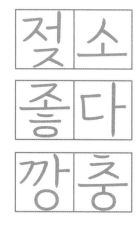

2 더 멋지게 쓰기 위해 세로획 꺾어 쓰기를 연습해 보세요.

  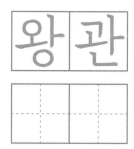

3 오른쪽 빈칸에 낱말을 쓰고 예전의 나와 글씨를 대결해 보세요.

내가 쓴 글자 스티커를 이곳에 붙여 둬.

벚꽃

왕관

배운 대로 바르게 쓴 다음 이긴 쪽에 O표 해 봐.

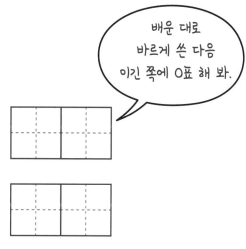

11 ㅆ 받침 쓰기

1 잘 쓴 글자 찾아 쓰기

	①	②	③
깎	깎	깎	깎

	①	②	③
볶	볶	볶	볶

	①	②	③
갔	갔	갔	갔

	①	②	③
왔	왔	왔	왔

2 글자 쓰기

깎	깎	깎	까	까				

갔	갔	갔	가	가				

3 낱말 쓰기 [1분]

깎	다

묶	다

갔	다

있	다

쓴 글자 중 가장 완벽한 3개를 찾아 ○표 하세요.

 정답 1. ③, ③, ①, ①

86

ᆬ ᆭ 받침 쓰기

1 잘 쓴 글자 찾아 쓰기

	①	②	③
앉	앉	앉	앉

	①	②	③
엱	엱	엱	엱

	①	②	③
많	많	많	많

	①	②	③
끊	끊	끊	끊

2 글자 쓰기

앉	앉	아	아	아				

많	많	마	마	마				

3 낱말 쓰기 [1분]

앉다	

엱다	

많다	

끊다	

쓴 글자 중 가장 완벽한 3개를 찾아 ○표 하세요.

정답 1. ①, ③, ②, ①

ㄺ ㄻ 받침 쓰기

월　일

1 잘 쓴 글자 찾아 쓰기

닭	① 닭	② 닭	③ 닭

읽	① 읽	② 읽	③ 읽

굶	① 굶	② 굶	③ 굶

닮	① 닮	② 닮	③ 닮

2 글자 쓰기

닭	닭	닭	다	다				

굶	굶	굶	구	구				

3 낱말 쓰기 1분

닭장	읽기	굶다	닮다

쓴 글자 중 가장 완벽한 3개를 찾아 ○표 하세요.

정답　1. ②, ③, ①, ①

88

래 랴 받침 쓰기

월   일

1 잘 쓴 글자 찾아 쓰기

① ② ③
짬

① ② ③
덤

① ② ③
핥

① ② ③
훑

2 글자 쓰기

짬 짬 짬 짜 짜

핥 핥 하 하 하

3 낱말 쓰기

여덟   짧다   핥다   훑다

쓴 글자 중 가장 완벽한 3개를 찾아 ○표 하세요.

정답 1. ①, ③, ③, ②

89

ㅀ, ㅄ 받침 쓰기

월   일

1 잘 쓴 글자 찾아 쓰기

① ② ③
끓 끓 끓 끓

① ② ③
싫 싫 싫 싫

① ② ③
없 없 없 없

① ② ③
값 값 값 값

2 글자 쓰기

끓 끓 끓 끓 끓

없 없 어 어 어

3 낱말 쓰기 1분

끓다   싫다   없다   밥값

쓴 글자 중 가장 완벽한 3개를 찾아 ○표 하세요.

정답 1. ①, ②, ③, ②

90

복습 **받침 복습**

1 바르게 써 보세요.

깎다

만ᇵ다

없다

2 더 멋지게 쓰기 위해 세로획 꺾어 쓰기를 연습해 보세요..

 앉다

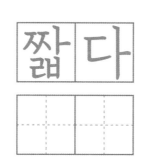 짧다

 닭장

 싫다

3 오른쪽 빈칸에 낱말을 쓰고 예전의 나와 글씨를 대결해 보세요.

내가 쓴 글자
스티커를 이곳에
붙여 둬.

앉다

수탉

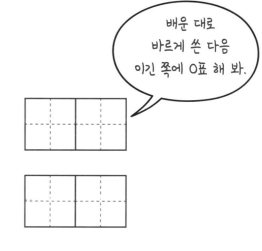

배운 대로
바르게 쓴 다음
이긴 쪽에 O표 해 봐.

학교에서 바로 쓰는
필기 연습

"안녕? 난 기호야.
딱 한 가지만 기억해 줘.
기호도 숫자도 글씨처럼 반듯하게!"

기호, 숫자 모두 글자와
비슷한 크기로 써.

그림이 아니니까 글씨 쓸 때처럼
천천히 반듯하게 써야 해.

재미있는 모양들을
더 찾아봐!

기호 쓰기

글자 외에도 공책에 쓰는 모양들이 많아요. 이것을 '기호'라고 해요.

1 다양하고 재미있는 기호들을 칸 공책에 연습해 보세요.

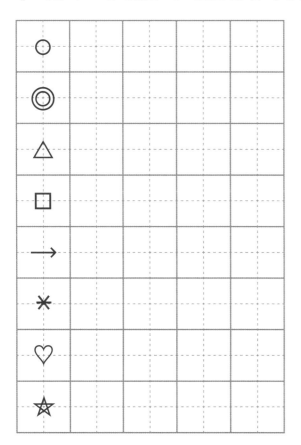

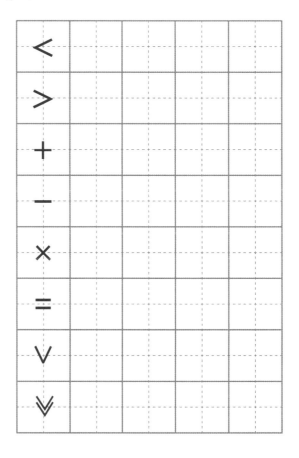

2 순서대로 점을 이어 별을 그리고, 빈칸에 한 번 더 그려 보세요.

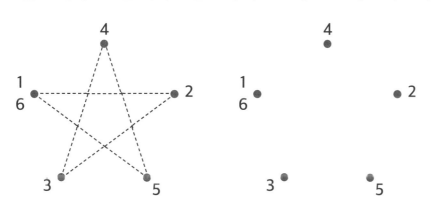

문장 부호 쓰기

글을 쓸 때 필요한 기호를 따로 모아 '문장 부호'라고 해요.

문장 부호에 유의하여 문장을 읽고, 칸 공책에 연습해 보세요.

쉼표 ,
부르는 말 뒤에 써요.

야옹아, 엄마 어딨어?

,					

마침표 .
문장이 끝날 때 써요.

푹 자고 일어났어요.

.					

물음표 ?
묻는 문장에 써요.

나랑 같이 놀래?

?					

느낌표 !
크고 강하게 말할 때 써요.

안 돼! 벌써 9시야!

!					

큰따옴표 " "
대화를 나타낼 때 써요.

"알았어. 너 먼저 해." 아빠가 말씀하셨어요.

"	"				

작은따옴표 ' '
마음속 말을 나타낼 때 써요.

'꼭 이길 거야.'라고 생각했어요.

'	,				

가족과 맛있는 저녁을 먹었다.
"얘들아, 맛있어?"
"네. 최고예요!"

0부터 9까지 숫자 쓰기

1 한눈에 읽어 보세요. 어느 쪽을 더 쉽게 읽을 수 있나요?

3 6 8 9 0	3 6 8 9 0

2 숫자는 잘못 쓰면 뜻이 아예 달라지므로 정확하고 반듯하게 써야 해요.
순서를 지켜서 숫자를 쓰고, 이름에 알맞게 숫자를 써넣어 보세요.

①↓ 1	1				
① 2	2				
① 3	3				
① ② 4	4				
① ② 5	5				
① 6	6				
① ② 7	7				
① 8	8				
① 9	9				
① 0	0				

삼	3	이	
오	5	오	
구		사	
삼		육	
일		사	
칠		일	
이		팔	
영		구	
육		칠	
팔		영	

두 자리 이상의 숫자 쓰기

월   일

1 주어진 수를 빈칸에 써 보세요.

두 자리 이상의 수는 한 칸에 숫자를 2개씩 넣어요.

10	10		
20	20		
30			
40			
50			
60			
70			
80			
90			

1000	1000	
2000	2000	
3000		
1200		
3705		
8991		
4367		
1954		
5832		

2 줄 공책에 수를 쓸 때에는 숫자가 줄에 닿을 정도로 키를 맞춰서 가지런히 써요.

1000   1000

1235

2024

2025

가로셈 계산식 쓰기

계산식을 바르게 쓰면 보기도 좋고 실수가 줄어서 계산을 더 정확하게 할 수 있어요.

1 칸과 줄에 맞추어 계산식을 쓰며 가로셈 계산을 해 보세요.

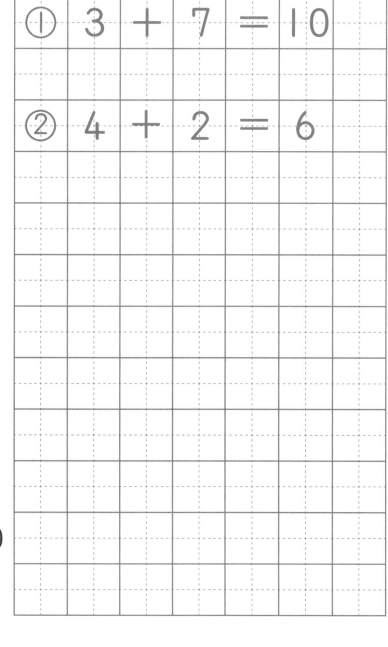

① 3+7

② 4+2

③ 8+5

④ 9-6

⑤ 10-7

⑥ 20-10

①	3	+	7	=	10	
②	4	+	2	=	6	

2 문제를 보고 가로셈으로 계산해 보세요.

20+20   20 + 20 = 40

40+10

30−20

50−30

3 아무렇게나 쓰여진 계산식을 번호를 써서 칸 공책에 가지런히 정리해 보세요.

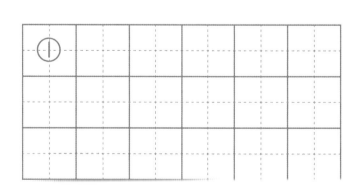

10 + 10
  = 20
30 − 15 = 15
13 + 16 =
  29

세로셈 계산식 쓰기

셈을 할 때에는 한 칸에 숫자 하나씩 쓰면 돼요.

세로셈도 바르게 쓰면 계산을 더 정확하게 할 수 있어요.

1 칸과 줄에 맞추어 계산식 쓰기를 연습해 보세요.

① 60+5

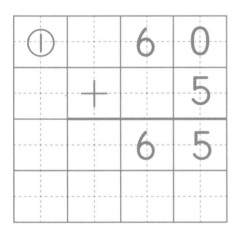

② 70+20

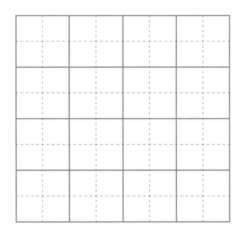

③ 17-6

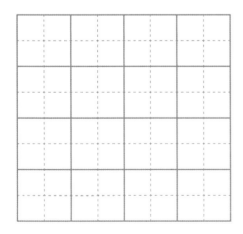

④ 50-40

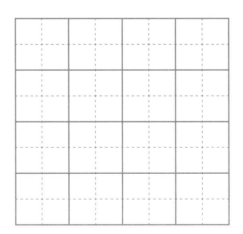

2 문제를 보고 세로셈으로 계산해 보세요.

① 15+3   ② 15+10   ③ 17+11
④ 25−2   ⑤ 39−20   ⑥ 48−16

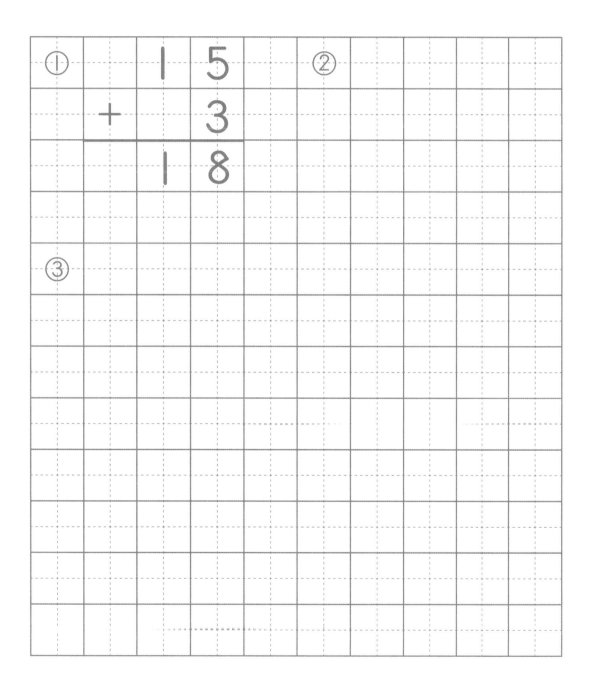

띄어쓰기

띄어쓰기를 해야 쉽고 빠르게 읽을 수 있어요. 뜻도 정확하게 전달할 수 있지요.

1 큰 소리로 읽고 띄어쓰기를 V로 표시해 보세요.

아빠가방에들어가신다.

아빠가방에들어가신다.

엄마가위를보신다.

엄마가위를보신다.

언니가죽을먹는다.

언니가죽을먹는다.

 정답 1. 아빠가V방에V들어가신다. 엄마가V위를V보신다. 언니가V죽을V먹는다.

2 V로 띄어쓰기를 표시하고 띄어쓰기에 맞게 써 보세요.

작은새

예쁜꽃

눈이펑펑내린다.

나는키가크다.

누워서떡먹기

등잔밑이어둡다.

정답 2. 작은V새. 예쁜V꽃. 눈이V펑펑V내린다. 나는V키가V크다. 누워서V떡V먹기. 등잔V밑이V어둡다.

칸 공책에 쓰기

학교에서는 칸 공책에 바른 글씨 연습을 많이 해요.

 칸 공책 잘 쓰기 비법

1 네모 칸 안에 글자가 꽉 차게 쓴다.

2 천천히 쓴다.

3 띄어쓰기를 한다.

1 바르지 않은 글씨를 어떻게 바꾸면 좋을까요? 모두 찾아서 ○표 하고, 내 생각을 말해요.

도	시	락	을	냠	냠	먹	었	다	.

① 더 크게 써요. ☐ ② 천천히 써요. ☐ ③ 띄어쓰기를 해요. ☐

머	리	가	아	팠	다	.			

① 더 크게 써요. ☐ ② 천천히 써요. ☐ ③ 띄어쓰기를 해요. ☐

체	험	학	습	을	가	서	기	뻤	다	.

① 더 크게 써요. ☐ ② 천천히 써요. ☐ ③ 띄어쓰기를 해요. ☐

2 아래의 글을 칸 공책에 바르게 옮겨 써 보세요.

① 비가 주룩주룩   ② 여름이 좋아요.   ③ 다람쥐와 청설모   ④ 정말 그렇구나!

⑤ 아쉬웠어요.   ⑥ 혼자 할 거야.   ⑦ 너도 갈래?   ⑧ 야금야금 먹다가

⑨ 깜짝 놀라서   ⑩ 고개를 저었어요.   ⑪ 기다리고 있을게.   ⑫ 잡혀가고 말았어.

칸 공책에 쓰기

필기
연습

1 어린이들이 자주 틀리는 맞춤법을 모았어요.
  아래의 글을 칸 공책에 바르게 옮겨 써 보세요.

① 내 것과 네 것　　② 뛰면 안 돼.　　③ 그런데　　　　④ 생각했어요.

⑤ 잘 듣고 썼어요.　　⑥ 안할 거야.　　⑦ 늦지 않았지?　　⑧ 정말 좋겠다.

⑨ 풀로 붙이세요.　　⑩ 어림도 없지.　　⑪ 경험을 이야기하자.　　⑫ 어울려야 해.

2 번호를 쓰고, 우리 반 친구들의 이름을 칸 공책에 바르게 써 보세요.

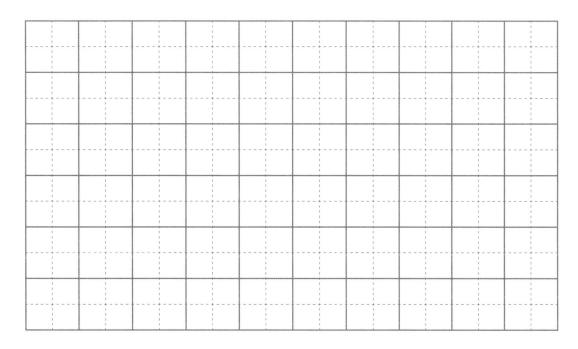

3 번호를 쓰고, 내가 좋아하는 캐릭터나 유튜버의 이름을 칸 공책에 바르게 써 보세요.

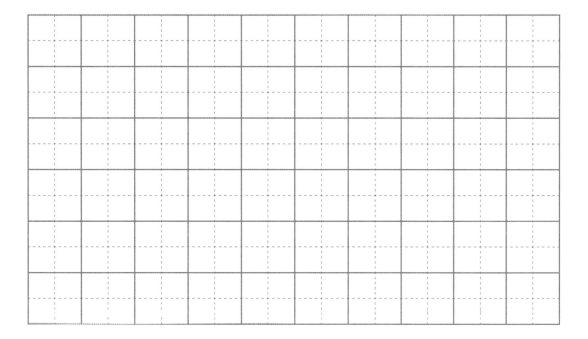

줄 공책에 쓰기

줄 공책에서는 적당하게 띄는 것이 어려워요. 칸이 없기 때문이에요.
한 글자 정도 크기 또는 그것보다 조금 적게 띄면 돼요.

줄 공책 잘 쓰기 비법

1 글자가 줄 아래에 닿게 쓴다.

2 천천히 쓴다.

3 띄어쓰기할 때 한 글자 정도 크기로 띈다.

4 공책 가장 왼쪽에 붙여 쓴다.

1 바르지 않은 글씨를 어떻게 바꾸면 좋을까요? 모두 찾아서 ○표 하고, 내 생각을 말해요.

> 날씨가좋은 4월에 신나 는체험학습을 갔다

① 더 크게 써요. ☐ ② 줄에 맞춰 써요. ☐ ③ 띄어쓰기를 해요. ☐

> 오늘은 아침매 에 바굼 있거났다.

① 더 크게 써요. ☐ ② 줄에 맞춰 써요. ☐ ③ 띄어쓰기를 해요. ☐

> 자기 처겁하라고 시켰다

① 더 크게 써요. ☐ ② 줄에 맞춰 써요. ☐ ③ 띄어쓰기를 해요. ☐

2 잘 띄어 쓴 것을 2개 찾아 ○표 하세요.

① 따뜻한마음을모아서 ☐

② 따뜻한 마음을 모아서 ☐

③ 따뜻한 마음을 모아서 ☐

④ 따뜻한   마음을   모아서 ☐

3 아래 문장에 V표로 띄어쓰기를 표시하고, 바르게 써 보세요.

| 울고ⱽ있는ⱽ동생을ⱽ꼬옥ⱽ안았어요. |
| 울고◯있는◯동생을◯꼬옥◯안았어요. |

| 엄마에게고맙다고말했어요. |
| |

| 가족과함께신나게웃었어요. |
| |

글자가 아랫줄에 닿게 쓰세요.

1 재미있는 수수께끼를 따라 쓰고, 답을 써 보세요.

| 급하게 뛰어가는 떡은? |
| 급하게 |
| 답 |

| 똑똑한 사람을 만날 수 있는 곳은? |
| |
| 답 |

| 물고기의 반대말은? |
| |
| 답 |

| 경찰서의 반대말은? |
| |
| 답 |

정답 1. 헐레벌떡, 화장실, 불고기, 경찰 앉아.

2 아래와 같이 자신을 소개하는 글을 써 보세요.

제 이름은 OOO입니다. 나이는 O살입니다. 저는 태권도를 잘합니다.
또 그림 그리기를 좋아합니다.

3 아래와 같이 친구에게 편지를 써 보세요.

제니야, 안녕?
나는 네가 참 좋아. 우리 앞으로 친하게 지내자.
지민이가.

국어 교과서에 쓰기

교과서에는 줄이 없어요. 글자가 오르락내리락하지 않게 마음속으로 줄을 맞춰야 해요.

1 현이의 그림일기를 읽어 봅시다.

아	침	에		늦	잠	을		잤	다.
눈	을		떴	을		때		9	시	였	다.
울	면	서		학	교	로		달	려	갔	다.
부	끄	럽	고		속	상	했	다.

국어 교과서에 바르게 쓰는 것을 연습해 보세요.

2 그림일기의 내용을 알아봅시다.

(1) 이 일기는 언제 쓴 것인가요?

4월 8일 월요일

> 답을 쓸 때에는 답끼리 세로로 줄을 맞춰요.

(2) 일기 쓴 날 날씨는 어떠했나요?

(3) 어떤 모습을 그림으로 그렸나요?

(4) 어떤 일을 글로 썼나요?

(5) 현이의 마음은 어떠했나요?

3 그림일기를 쓰면 좋은 점을 알아봅시다.

> 말주머니에 쓸 때에는 주머니 크기에 맞게 작게 써요.

> 어떤 일이 일어났는지 알 수 있어.

> 그래. 그래서 오랫동안 기억할 수 있지.

국어 교과서에 쓰기

교과서에 쓸 때는 마음속으로 줄을 맞추는 것 잊지 마세요.

4 **나유의 독서 감상문을 읽어 봅시다.**

6월 12일 수요일   날씨: 흐림

도서관에서 「신비롭고 재미있는 날씨 도감」이라는 책을 빌렸다.

구름 속에 들어가면 어떨지 항상 궁금했기 때문이다.

구름은 내가 상상한 것과 달리 폭신폭신한 것이 아니었다. 구름

은 물과 작은 얼음으로 만들어진다고 한다. 또 다양한 번개 사진

이 정말 신기했다. 둥근 모양이 아닌 길쭉한 무지개가 있다는 것

도 새롭게 알았다.

이 책을 읽고 앞으로 하늘을 더 자세히 살펴봐야겠다고 생각

했다.

책을 읽고,
책에 대한 느낌과
생각을 적은 글을
독서 감상문이라고 해요.

이곳에 연습하다 보면, 진짜 교과서에도 반듯하게 잘 쓸 수 있어요.

5 독서 감상문의 내용을 알아봅시다.

(1) 이 독서 감상문은 언제 쓴 것인가요?

(2) 나유가 읽은 책의 제목은 무엇인가요?

(3) 나유는 평소에 무엇이 궁금했나요?

(4) 나유가 새롭게 알게 된 것은 무엇인가요?

(5) 나유는 책을 읽고 어떤 생각을 했나요?

6 독서 감상문을 쓰면 좋은 점을 알아봅시다.

내용을 더 잘 이해하게 돼.

느낀 점을 정리할 수도 있어.

수학 교과서에 쓰기

필기 연습

수학 교과서에는 숫자나 단어를 주로 쓰게 돼요. 쉽다고 흘려 쓰면 틀리기 쉬워요.

1 **칠교판을 알아봅시다.**

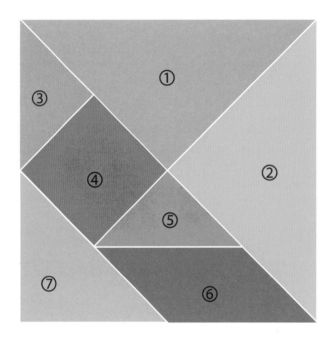

• 삼각형은 모두 몇 개인가요?

• 사각형은 모두 몇 개인가요?

• 칠교판 조각은 모두 몇 개인가요?

• 크기가 같은 조각을 찾아 번호를 써 보세요.

물음표 뒤에 답이 되는 숫자를 써요.
천천히 써야 해요.

수학 교과서에 바르게 쓰는 것을 연습해 보세요.

2 왼쪽 칠교판에서 같은 조각을 찾아 번호를 쓰고 물음에 답해 봅시다.

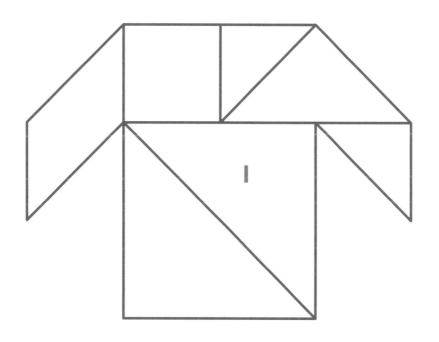

• 위 모양은 무엇과 닮았다고 생각하나요?

• 왜 그렇게 생각하나요?

• 칠교 조각으로 무엇을 만들어 보고 싶나요?

수학 교과서에 쓰기

수학 교과서에도 또박또박 반듯하게 써야 바른 답을 쓸 수 있어요.

3 규칙을 찾아 빈칸에 알맞은 색을 칠해 봅시다.

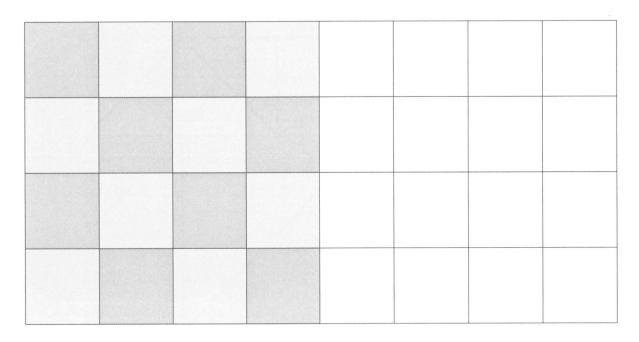

- 몇 가지 색깔을 사용했나요?

- 어떤 색깔을 사용했나요?

- 어떤 규칙에 따라 색칠했나요?

- 규칙에 따라 색칠해 보세요.

나도 재미있는 규칙을
만들어 볼 거야.

이곳에 연습하다 보면, 진짜 교과서에도 보기 좋게 잘 쓸 수 있어요.

4 규칙에 따라 빈칸에 알맞은 수를 써 봅시다.

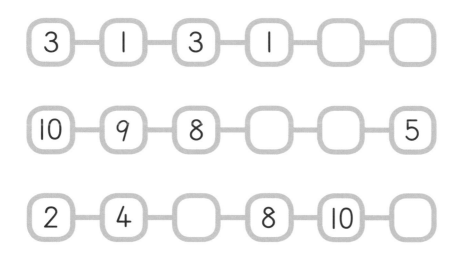

5 규칙을 만들어 수를 써 보세요.

- 어떤 규칙을 만들었나요?

- 마지막 칸 다음에 올 수는 무엇인가요?

빈 종이에 쓰기

교과서와 공책 외에도 바른 글씨로 써야 할 것이 아주 많아요.
빈 종이에 쓸 때는 글자 크기와 쓰는 위치를 생각해요.

1 글자 수가 적을 때는 가운데에 써요.

미래에 무엇이 되고 싶나요?

키우고 싶은 동물은 무엇인가요?

도마뱀

2 **여러 낱말을 쓸 때는 번호를 매겨서 써요.**

내가 가장 좋아하는 음식 5개를 써 보세요.

① 딸기
② 김밥
③ 스파게티
④ 물김치
⑤ 미역국

내가 좋아하는 계절을 순서대로 써 보세요.

① 겨울
② 봄
③ 여름
④ 기을

빈 종이에 쓰기

많은 내용을 써야 할 때는 자로 흐린 선을 그어서 쓸 수 있어요.

1 흐린 선 긋기를 연습해 보세요. 반드시 자를 사용하세요!

2 선을 여러 개 그을 때에는 선 사이의 간격이 비슷해야 해요.
간격을 생각하며 흐린 선 긋기를 연습해 보세요.

3 선을 긋고 선에 맞추어 애국가 1절을 옮겨 써 보세요.

동해물과 백두산이 마르고 닳도록

하느님이 보우하사 우리나라 만세

무궁화 삼천리 화려 강산

대한 사람 대한으로 길이 보전하세

빙고 판 그리기

빙고는 다른 준비물 없이도 종이와 연필만 있으면 할 수 있는 재미있는 놀이예요.
칸의 크기가 일정한 빙고 판을 그리고 빙고 놀이를 해 보세요.

1 4×4 빙고 판을 그려 보세요.

 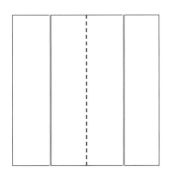 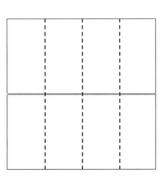 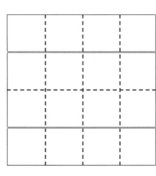

세로로 반을 나눠요.　또 반을 나눠요.　가로로 반을 나눠요.　다시 반을 나눠요.

2 3×3 빙고 판을 그려 보세요.

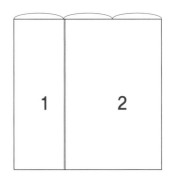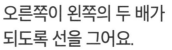  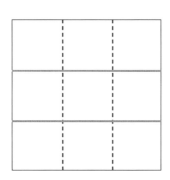

오른쪽이 왼쪽의 두 배가
되도록 선을 그어요.　2를 반으로 나눠요.　가로로 한 번 더 반복해요.

3 5×5 빙고 판을 그려 보세요.

 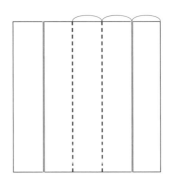 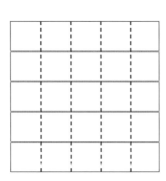

양쪽이 중간의 두 배가
되도록 선을 그어요.　양쪽을 각각 반으로 나눠요.　가로로 한 번 더 반복해요.

4×4

4×4

3×3

3×3

5×5

5×5

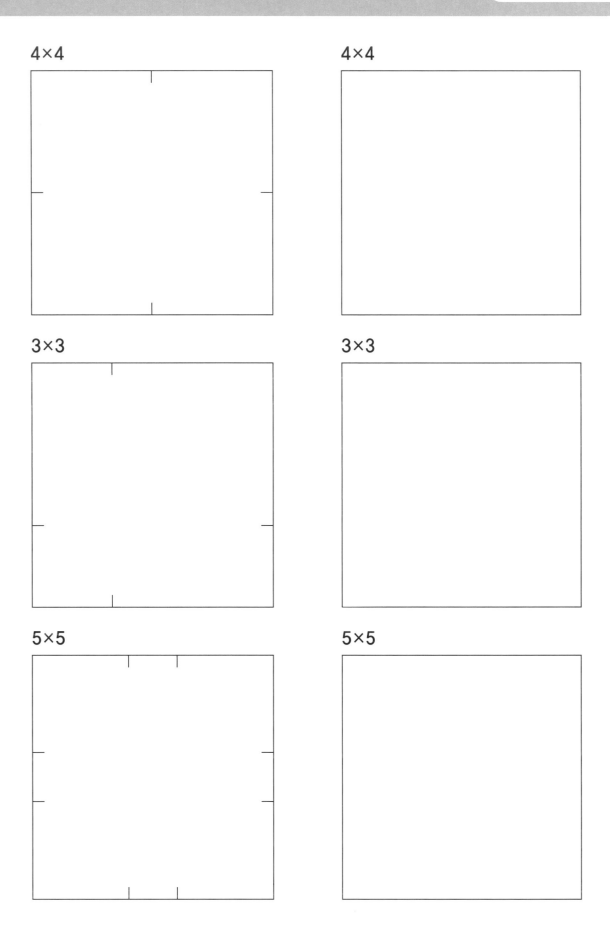

동시 따라 쓰기

시는 글자 수는 적지만 줄을 잘 맞추어 써야 한답니다.

시를 똑같이 따라 써 보세요. 어울리는 그림을 그려 시화를 만들어도 좋아요.

심심해 공격

박세아

엄마 나 심심해.
응, 놀아.

엄마 나 놀아 줘.
혼자 놀아 봐.

아, 엄마아아!
알았어, 놀자.